道路绿色低碳发展技术丛书

建筑垃圾在公路工程中规模化利用技术

刘军勇　苏卫卫　赵亚婉　张鸿儒　编著

人民交通出版社

北京

内 容 提 要

本书依托陕西省住房建设科技计划项目"建筑垃圾综合处理及安全利用技术研究"、中国交通建设集团有限公司"建筑垃圾在道路工程中规模化利用成套技术"等相关课题研究成果,系统介绍了建筑垃圾在路基工程填筑技术、再生混凝土工程应用技术及再生微粉泡沫轻质土制备技术等方面的理论与实践成果,提出了建筑垃圾在路基填筑工程中的质量关键控制点、再生混凝土工程典型应用场景的配合比设计方案,以及再生微粉泡沫轻质土制备技术及配合比设计思路,系统梳理了建筑垃圾在公路工程中的关键应用技术。本书对公路工程领域工程技术人员在建筑垃圾处置及再生利用技术应用方面具有一定的科学指导价值和工程借鉴意义,对提高建筑垃圾资源化利用率具有重要推动作用。

本书可作为公路工程及相关专业的科研、设计、施工与建设管理技术人员的参考书,也可供高等院校相关专业师生学习参考。

图书在版编目(CIP)数据

建筑垃圾在公路工程中规模化利用技术 / 刘军勇等编著. — 北京 : 人民交通出版社股份有限公司, 2024.7
ISBN 978-7-114-19456-6

Ⅰ.①建… Ⅱ.①刘… Ⅲ.①建筑垃圾—应用—道路工程—填筑 Ⅳ.①U416.1

中国国家版本馆 CIP 数据核字(2024)第 066465 号

Jianzhu Laji zai Gonglu Gongcheng zhong Guimohua Liyong Jishu

书　　名:	建筑垃圾在公路工程中规模化利用技术
著 作 者:	刘军勇　苏卫卫　赵亚婉　张鸿儒
责任编辑:	潘艳霞
责任校对:	孙国靖　卢　弦
责任印制:	刘高彤
出版发行:	人民交通出版社
地　　址:	(100011)北京市朝阳区安定门外外馆斜街 3 号
网　　址:	http://www.ccpcl.com.cn
销售电话:	(010)59757973
总 经 销:	人民交通出版社发行部
经　　销:	各地新华书店
印　　刷:	北京市密东印刷有限公司
开　　本:	787×1092　1/16
印　　张:	9.75
字　　数:	178 千
版　　次:	2024 年 7 月　第 1 版
印　　次:	2024 年 7 月　第 1 次印刷
书　　号:	ISBN 978-7-114-19456-6
定　　价:	80.00 元

(有印刷、装订质量问题的图书,由本社负责调换)

作者简介
AUTHOR INTRODUCTION

刘军勇，男，1979年11月出生，中共党员，博士，正高级工程师，陕西省中青年科技创新领军人才，陕西省工人发明家，中国交通建设集团有限公司智库一级专家，一级建造师（公路）、注册咨询工程师（投资）、注册安全工程师、检测工程师，现就职于中交第一公路勘察设计研究院有限公司，任道路工程与防灾减灾技术研发中心主任，同济大学企业导师、长安大学校外博导、西北农林科技大学校外研究生指导教师。长期从事道路工程防灾减灾科研、设计与咨询工作，具有深厚的理论基础和丰富的实践经验，先后获得陕西省科学技术奖3项、中国公路学会科学技术奖6项、中国交建科学技术进步奖3项等；出版专著《强盐渍土地区公路路基修筑关键技术》、发表期刊论文50余篇（8篇EI，1篇SCI）；授权第一完成人专利11项，其中发明专利6项；参编《公路路基设计手册》、交通运输行业标准《黄土地区公路路基设计与施工技术规范》（JTG/T D31-05—2017）和《盐渍土地区公路路基设计与施工技术细则》（JTG/T 3331-08—2022）、中国国际科技促进会标准《高大边坡稳定安全智能监测预警技术规范》（T/CI 178—2023）、中国工程建设标准化协会标准《公路深路堑高路堤及特殊路基监测技术规程》（T/CECS G:J22-01—2023）等。

前 言
PREFACE

我国建筑垃圾规模巨大,年产生量已超过30亿t,存量更是超过200亿t,巨量建筑垃圾的处置和利用难题困扰着工程建设人员。建筑垃圾主要成分为混凝土类、砖类、石块类等固体废物材料,具有较高的强度、良好的耐酸碱和稳定的物理化学性质,是一种很好的再生材料。但是受地域差异、再生材料品质及再生利用关键技术等因素影响,其综合利用率较低,建筑垃圾资源化利用率远落后于国外一些发达国家,利用进程滞后。

在国家"双碳"目标以及绿色低碳交通发展要求下,改建、扩建及提质改造工程越来越多,国家对建筑垃圾再生和资源循环利用水平要求越来越高。根据国内已有研究成果和工程实践,目前建筑垃圾资源化利用主要集中在路基填筑、地基处理、低强度再生产品等方面,利用模式较为粗放、单一,导致建筑垃圾利用品质不高,经济价值低,无法真正有效地推动建筑垃圾资源化利用,精细化、高值化利用程度远远不够。建筑垃圾利用过程仍存在较大问题,再生集料用于高性能混凝土工程长期耐久性问题未得到很好解决,再生微粉利用及用其制备泡沫轻质土工程研究较少,利用短板突出,在一定程度上制约了我国建筑垃圾资源化利用进程和再生利用水平。

针对我国建筑垃圾巨大存量及再生利用现状,本书以相关课题研究成果及工程实践经验为基础,通过系统研究,对建筑垃圾在公路工程中路基填筑、承重混凝土工程和非承重混凝土工程、再生微粉泡沫轻质土等工程应用关键技术进行阐述,分析利用过程中存在的问题并给出解决方案,从规模化利用和精细化利用角度出发,全面总结建筑垃圾在公路工程典型应用场景中的关键利用技术,形成成套建筑垃圾资源化利用技术。相关成果已在我国多条高速公路上得到推广应用,具备较强的工程实践指导价值和技术借鉴意义,可为全面提升我国建筑垃圾综合利用率以及精细化利用水平提供技术保障。

本书由中国交通建设集团有限公司2020年度重点研发项目"建筑垃圾在道路工程中规模化利用成套技术"资助,由刘军勇组织撰写。全书共分6章,第1章介绍了建筑垃圾行业发展概述及国内外相关技术研究现状,由刘军勇撰写;第2章介绍了建筑垃圾再生材料加工方式、材料性能与试验分析、分类及其标准等,由苏卫卫、赵亚婉撰写;第3章介绍了建筑垃圾在路基工程中的应用技术,由刘军勇、赵亚婉撰写;第4章介绍了建筑垃圾在不同再生混凝土工程应用场景中的关键技术,由张鸿儒、苏卫卫撰写;第5章介绍了再生微粉泡沫轻质土制备、配合比设计思路及方案,由刘军勇、赵亚婉撰写;第6章介绍了建筑垃圾路基填料施工质量控制及在工程应用实践中的施工关键技术和关键工艺,由刘军勇、苏卫卫撰写。全书由刘军勇负责统稿。

本书在编写过程中,得到了依托工程建设管理、设计、科研等单位与专家的大力支持与帮助,他们为本书提供了宝贵的技术资料,在此表示衷心的感谢。此外,在具体研究过程中,课题组成员张留俊提供了全过程的技术指导与建设性意见,尹利华、盖卫鹏、沈亚斌、高璇、孙腾、王朝相、周志清等做了大量的工作,在此向他们的辛勤工作表示诚挚的谢意。

由于编著者水平有限,书中难免存在疏漏或不妥之处,敬请有关专家和学者批评指正。

编著者

2024年1月

目 录
CONTENTS

第 1 章　绪论 ······ 001

 1.1　建筑垃圾定义 ······ 001
 1.2　建筑垃圾概述 ······ 001
 1.3　国内外研究现状 ······ 011
 1.4　本书主要内容 ······ 018

第 2 章　建筑垃圾再生材料性能指标和分类 ······ 019

 2.1　建筑垃圾再生材料加工方式 ······ 019
 2.2　建筑垃圾再生材料性能与试验分析 ······ 022
 2.3　规范中建筑垃圾再生材料分类及其标准 ······ 027
 2.4　本章小结 ······ 031

第 3 章　建筑垃圾路基工程应用研究 ······ 033

 3.1　路基填料方案设计 ······ 034
 3.2　建筑垃圾再生料击实试验 ······ 034
 3.3　CBR 性能试验 ······ 040
 3.4　无侧限抗压强度试验及结果分析 ······ 045
 3.5　耐久性试验 ······ 047
 3.6　本章小结 ······ 057

第4章 建筑垃圾再生混凝土应用研究 ········ 059

  4.1 试验材料 ········ 059
  4.2 再生人行道路面砖制备技术 ········ 067
  4.3 再生粗集料在挡土墙工程中的应用技术 ········ 076
  4.4 再生粗集料制备人字形骨架护坡砌块技术 ········ 081
  4.5 再生粗集料在承重构件的应用及性能提升技术 ········ 086
  4.6 本章小结 ········ 096

第5章 建筑垃圾再生微粉泡沫轻质土制备技术 ········ 098

  5.1 再生微粉泡沫轻质土制备技术 ········ 098
  5.2 再生微粉泡沫轻质土物理力学性能研究 ········ 106
  5.3 再生微粉泡沫轻质土耐久性能研究 ········ 112
  5.4 本章小结 ········ 118

第6章 建筑垃圾路基填料施工质量控制与工程应用实践 ········ 120

  6.1 工程概况 ········ 120
  6.2 工程地质概况 ········ 121
  6.3 建筑垃圾再生材料填筑路堤方案设计 ········ 123
  6.4 现场试验段路基填筑方案 ········ 129
  6.5 质量控制、验收与监测要求 ········ 132
  6.6 本章小结 ········ 141

参考文献 ········ 142

第 1 章 绪 论

1.1 建筑垃圾定义

《中华人民共和国固体废物污染环境防治法》指出,建筑垃圾是指建设单位、施工单位新建、改建、扩建和拆除各类建筑物、构筑物、管网等,以及居民装饰装修房屋过程中产生的弃土、弃料和其他固体废物。

《公路工程利用建筑垃圾技术规范》(JTG/T 2321—2021)规定,建筑垃圾是指拆除等工程建设活动中产生的水泥混凝土、砖、石等固体废弃物,不包含拆除建筑和道路等工程中的渣土和废旧沥青及混合料。

《建筑垃圾处理技术规范》(CJJ/T 134—2019)规定,建筑垃圾是工程渣土、工程泥浆、工程垃圾、拆除垃圾和装修垃圾等的总称,包括新建、扩建、改建和拆除各类建筑物、构筑物、管网等以及居民装饰装修房屋过程中所产生的弃土、弃料及其他废弃物,不包括经检验、鉴定为危险废物的建筑垃圾。

建筑垃圾按产生来源分类,可分为工程渣土、装修垃圾、拆迁垃圾等;按组成成分分类,可分为混凝土块、碎石块、砖瓦碎块、废砂浆、渣土、泥浆、沥青块、废塑料、废金属、废木材等。根据现行规范体系中建筑垃圾的定义,结合本书中建筑垃圾工程应用范围,本书中的建筑垃圾主要指公路建设过程中产生的组成成分为混凝土块、碎石块、砖块、水泥砂浆等的建筑垃圾类材料。

1.2 建筑垃圾概述

1.2.1 建筑垃圾产生情况

经济的快速发展,推动着城市更新以及交通基础设施建设,2022 年,我国常住人口城镇化率达到65.22%,城市建筑物的拆除及建设过程会产生巨量的建筑垃圾。据《中国建筑垃圾处理行业发展前景与投资战略规划分析报告》统计,2017年我国产生建筑垃圾约15.93亿t、2018年约19亿t、2019年约23亿t、2020年约24亿t、2021年约26亿t、2022年约30亿t。按照对我国未来建筑垃圾的产量和增长趋势预测,到2030年,我国每年建筑垃圾总产量预计将达73亿t,如此规模的建筑垃圾产生量及累计存量,无疑给生态环境承载及资源利用带来巨大的挑战。2017—2022年我国建筑垃圾产生量情况及2030年预测值如图1.2-1所示。

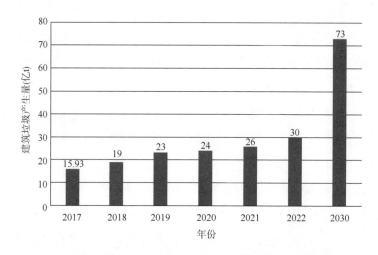

图1.2-1　2017—2022年我国建筑垃圾产生量情况及2030年预测值

在公路工程建设领域,高等级公路为我国经济建设起到了巨大的支撑作用。经济的快速发展,工业化、信息化时代的迎接与挑战,对交通运输服务的方便、安全、快捷提出了更高要求。"加快建设交通强国"的宏伟目标为中国交通带来了全新的战略发展机遇,中共中央、国务院于2019年9月印发实施《交通强国建设纲要》,提出到2035年,基本建成交通强国,现代化综合交通体系基本形成。其中重点强调:促进资源节约集约利用,强化节能减排和污染防治,强化交通生态环境保护修复。由此可见,建筑垃圾规模化利用是《交通强国建设纲要》实施的重点内容之一。随着我国城镇化率不断提高以及城市边缘不断外扩,交通基础设施服务能力及服务水平已满足不了道路使用要求。为适应需求,补齐短板,近年来,我国各大城市扩容进程全面提速,到2022年底,全国高速公路总里程达到17.7万km,"十四五"时期新改建高速公路预计达2.5万km,以广东为代表的沿海发达城市率先拉开高速公路改扩建工程序幕,并逐步向中部地区城市辐射,高等级公路改扩建项目规模巨大,见表1.2-1。

近年来国内已完成及拟进行部分高速公路改扩建项目　　　　表 1.2-1

序号	省(自治区、直辖市)	项目名称	改造里程（km）	信息概要
1	广东	广深高速公路改扩建工程	118.2	六改十/十二车道
2		常虎高速公路改扩建工程	35.332	六改十车道
3		茂名—湛江高速公路改扩建工程	108.59	四改八车道
4		长深高速公路河源热水至惠州平南段改扩建工程	116.35	四改八车道
5		机荷高速公路改扩建工程	41	四拓宽为双向八+八车道
6		惠盐高速公路深圳段改扩建工程	105	由四改八车道
7		深汕西高速公路深圳至惠州段改扩建工程	105	由四改八车道
8	山东	东营至青州高速公路改扩建工程	88.43	四改八车道
9		沈海高速公路两城至汾水段改扩建工程	61.7	四改八车道
10	江苏	沪宁高速公路改扩建工程	248.2	四改八车道
11		沪武高速公路太仓至常州段扩建工程	135	四改八车道
12	广西	柳州至南宁高速公路改扩建工程	248.2	四改八车道
13	江西	樟树至吉安高速公路改扩建工程	105	四改八车道
14	辽宁	京哈高速公路绥中至盘锦段改扩建工程	222.067	六改十车道
15	湖北	福银高速公路谷城至柳陂段改扩建工程	93.4	四改八/十车道
16	四川	四川成自泸高速公路扩容工程	271	四改八/十车道
17	浙江	浙江甬台温高速公路台州北段改扩建工程	42.8	四改八/十车道
18	陕西	福银高速公路西安至永寿段改扩建工程	79.31	四改八/十车道
19	河北	衡水至德州高速公路改扩建工程	49.1	四改六车道
20	山西	青银高速公路旧关至太原段改扩建工程	100	四改八车道

1.2.2　建筑垃圾危害

建筑垃圾产生规模和储量逐步扩大,长期以来,因缺乏统一完善的建筑垃圾管理办法以及科学有效、经济可行的处置技术,建筑垃圾绝大部分未经任何处理,便被运往市郊露天堆放或简易填埋,耗用大量的征用土地费、垃圾清运费等,同时,清运和堆放过程中的遗撒和粉尘、灰沙飞扬等问题又造成了严重的环境污染。建筑垃圾若不妥善处理利用，可能在以下几个方面产生危害。

(1) 占用及污染土地资源。

早期我国工程建设及工程技术人员对建筑垃圾再生资源利用意识薄弱，建筑垃圾处理基本采用全量填埋的方式，这类建筑垃圾主要来源为棚户区、城中村改造，一般堆弃在城镇周边闲置土地上，造成大量土地资源浪费。2000—2010年，国家经济发展进步，各级政府以及市场开始探寻适度建筑垃圾资源化利用模式，先后制定了一系列政策推动建筑垃圾再生利用，但是由于利用技术不成熟以及质量控制标准不明确等问题，导致工程技术人员在实际应用过程中依然"不敢用"，建筑垃圾资源化进程缓慢、利用率低。在这个阶段，大部分建筑垃圾依然采用堆放或者填埋的方式进行处理。例如对于城市建设过程中产生的建筑垃圾，施工单位为图方便，同时节省造价，一般将建筑垃圾堆放场地选择在城市周边郊区，而随着城市外缘不断向外扩大，会面临二次处置这些建筑垃圾的问题，无疑增加了城市规划及建设成本，不利于城市中长期发展规划。

大多数建筑垃圾堆放场以露天堆放为主，在占用土地的同时，经历长期日晒雨淋后，建筑垃圾中的有害物质，如油漆、涂料和沥青等释放出的多环芳烃构化物质以及部分重金属含量超标，在时间积累作用下，有害物质渗入土壤，进而发生一系列物理、化学和生物反应，通过过滤、吸附、沉淀，或为植物根系吸收或被微生物合成吸收，破坏土壤结构及土壤环境，造成土壤的污染，从而降低土壤质量。

(2) 建筑垃圾随意堆放易产生安全隐患。

建筑垃圾堆放一般选择在施工现场或者郊区附近的沟谷地带，采用直接倾填方式，缺乏安全设计计算及防护措施。若堆放场地为废弃平整场地，地基未经承载力验算，同时施工单位为了尽量减少堆放场地，使一般建筑垃圾堆放高度超过限制高度，会导致建筑垃圾堆放地基容易发生沉降，同时堆放过高会产生边坡滑动风险。若建筑垃圾堆放场地周围存在房屋建筑，也会危害房屋及居住人员安全。

(3) 水资源、空气污染严重。

建筑垃圾在堆放和填埋过程中，露天堆放不会覆盖保护，在雨水长期冲刷作用下，建筑垃圾中部分有害物质及细料颗粒流出，慢慢流入地表水和地下水系统中，如在建筑垃圾搬运、运输过程中散落或被风吹到堆放场地的地表水系中，或者通过长期渗透作用渗透到地表或地下水系统中，都会造成水资源污染。一旦饮用这种受污染的水，将会对人体造成很大的危害。

建筑垃圾在运输及处理过程中会产生扬尘污染，建筑垃圾中的粉尘及细菌随风散落在空气中，不仅对市民健康造成危害，降低空气质量，同时有损城市市容面貌。

(4) 建筑垃圾处理困难。

随着国家在建筑垃圾资源化利用领域法律法规日益完善,建筑垃圾处理要求越来越高,处置单价也逐步升高,导致很多建筑企业将建筑垃圾堆放在建筑工地周边,一方面形成了建筑垃圾围城的乱象,影响城市建设美观,另一方面也严重侵占了工程建设场地,制约工程进度。更严重的是,部分人在城镇周边桥梁下、河道内及地下水地范围偷排建筑垃圾,导致水体及环境污染。

1.2.3 中国建筑垃圾资源化利用政策

建筑垃圾资源化利用是指将拆除的混凝土类、砖类、钢筋类等具有利用价值的材料,根据应用需求,直接或经过加工处理后再利用,一来解决建筑垃圾处理困难的问题,提升建筑垃圾利用率;二来减少传统砂石等建设材料的消耗,降低工程造价。我国有关建筑垃圾处理、管理等相关的法律法规的制定起步较晚,1995年,我国制定了防治固体废物污染环境的第一部专项法律《中华人民共和国固体废物污染环境防治法》(后于2020年修订),除此之外,还有一些行政法规,比如《城市市容和环境卫生管理条例》《城市建筑垃圾管理规定》等。同时随着我国经济发展和大规模基础设施建设,建筑垃圾资源化利用市场需求逐步显现,我国各级政府开始重视建筑垃圾资源化利用工作。据统计,我国已有70多个地区制定了建筑垃圾的地方性法规,并先后制定了一系列政策、法规来推动建筑垃圾资源化利用,相关法律政策见表1.2-2。

建筑垃圾资源化利用的相关法律政策 表1.2-2

相关内容	政策名称
《中华人民共和国固体废物污染环境防治法》	我国防治固体废物污染环境的第一部专项法律,要求对固体废物充分回收和合理利用
《城市建筑垃圾管理规定》	要求建筑垃圾处置要实施减量化、资源化、无害化和谁生产谁负责的原则;鼓励建设单位、施工单位优先采用建筑垃圾综合利用产品
《中华人民共和国循环经济促进法》	要求产生建筑垃圾单位对建筑垃圾进行综合利用,不具备利用条件的要委托有资质单位进行无害化处理

续上表

相关内容	政策名称
《关于调整完善资源综合利用产品及劳务增值税政策的通知》	对生产原料中建筑垃圾、煤矸石比重不低于90%的,对建筑垃圾、污泥处理免征劳务税,对建筑垃圾处置等再生能源企业扩建提供贷款贴息
《"十二五"绿色建筑和绿色生态城区发展规划》	推进地级以上城市开展建筑垃圾资源化利用,强调加快建筑垃圾资源化利用技术和装备的研发和推广,建立建筑垃圾集中处理基地,实行建筑垃圾的集中处理和分级利用
《2015年循环经济推进计划》	重点推进建筑垃圾资源化利用,开展建筑垃圾管理和资源化利用试点建设工作
《建筑垃圾资源化利用行业规范条件》	新建、改扩建建筑垃圾资源化利用项目应符合规范条件,项目建设应满足勘察、咨询、设计、施工和监理要求
《全国城市市政基础建设"十三五"规划》	加强建筑垃圾减量与控制,加强建筑垃圾资源回收利用设置和消纳设施建设
《上海市建筑垃圾处理管理条例》	对建筑垃圾产品标准、政策等作了明确规定
《"无废城市"建设试点工作方案》	提出"无废城市"建设将以大宗工业固体废物、主要以农业废弃物、生活垃圾、建筑垃圾等为重点展开
江苏省印发《省住房和城乡建设厅关于推进建筑垃圾减量化的指导意见》	完成江苏省建筑施工标准化星级工地标准,将建筑垃圾减量化和再生利用资源化、产业化等相关内容纳入评分体系中,展望2025年底,涉及实现新建筑垃圾再利用率高于30%
《关于"十四五"大宗固体废弃物综合利用的指导意见》	深入贯彻落实党的十九届五中全会精神,进一步提升大宗固体废物综合利用水平,全面提高资源利用效率,推动生态文明建设,促进高质量发展
《"十四五"全国城市基础设施建设规划》	提出到2025年,城市建筑垃圾综合利用率达到50%及以上,全国城市新增建筑垃圾消纳能力4亿t/年,建筑垃圾资源化利用能力2.5亿t/年
《关于印发废旧物资循环利用体系建设重点城市名单的通知》	确定了北京市、西安市等60个废旧物资循环利用体系重点建设城市,完善废旧物资回收网络,因地制宜提升再生资源分拣加工利用水平,完善废旧物资循环利用政策体系

面对日益增长的建筑垃圾存量,应尽快推进我国建筑垃圾等固体废物的回收利用,提高资源循环利用率,降低环境污染。党的十八大以来,我国把资源综合利用纳入生态文明建设总体布局,不断完善法规政策、强化科技支撑、健全标准规范,推动资源综合利用产业发展壮大,各项工作取得积极进展。目前,深圳市、北京市、郑州市、西安市等大中城市均建有建筑垃圾再生厂,配备了国内外先进的建筑垃圾再生设备,建立了不同规模的生产线,可以对建筑垃圾进行深层次的加工,形成再生粗、细集料,生产出再生混凝土构件、再生砖等产品。据统计,全国已建成投产和在建的建筑垃圾年处置能力在100万t以上的生产线仅有70条左右,小规模处置企业有几百家,总资源利用量不足1亿t,建筑垃圾总体资源化率不足10%,远低于欧美国家的90%和日韩的95%。这主要是因为:一方面,目前我国各地区发展差异大,建筑垃圾处置产业链不完善,建筑垃圾从产生、运输、加工处理、资源化利用、产品推广与应用各环节之间脱节;另一方面,虽然我国进行了长时间资源化探索,取得了一定成果,个别企业建筑垃圾资源化利用水平较高,但是建筑垃圾再生资源利用及再生产品认可度不高,导致建筑垃圾利用模式粗放、利用品质不高,出现建筑垃圾资源化企业产品推广不出去、盈利困难的局面,积极性不高。我国虽先后制定了建筑垃圾资源化政策法规,积极倡导源头减量处理,但是相关建设企业执行力度远远不够,政策、技术、科研、实践的结合性不够,没有形成收集、运输、加工和产品等从源头到末端的完整的质量监管和产品推广应用体系。因此,建筑垃圾资源化利用技术及产业仍然需要不断精细化管理,全面深化建筑垃圾利用模式,提升建筑垃圾利用品质。

1.2.4 我国建筑垃圾利用技术进展

我国已由快速建设期逐步向提质升级改善阶段过渡,而建筑垃圾资源化推进严重滞后,资源化利用率不高,远低于发达国家和地区。近年来建筑垃圾产生量持续增加,造成了严重的环境危机。目前,我国建筑垃圾存量已超过200亿t,其资源化利用之所以进度缓慢,除了受国家政策以及经济发展趋势影响,另一个重要原因是缺乏成熟的技术体系,仍存在明显的技术短板。自2021年11月1日起,《公路工程利用建筑垃圾技术规范》(JTG/T 2321—2021)正式施行,进一步指导公路行业规范开展建筑垃圾利用。目前我国建筑垃圾资源化利用主要体现在以下三个方面:

(1)加工成集料直接利用。

工程建设拆除的建筑垃圾,经过简单破碎筛分成再生集料后,可直接用于路基填筑、地基处理、粒料桩、软基换填以及道路基层等工程中,能替代砂石材料消纳大量建筑垃圾,同时能带来经济效益,因此,一些企业对此进行了应用研究工作。比较典型的是"西咸北环建筑垃圾再生材料在公路工程中应用关键技术研究"课题,其团队依托该课题成果编制了《公路工程利用建筑垃圾技术规范》(JTG/T 2321—2021),该规范主要基于应用效果及实施过程编制,将建筑垃圾再生料利用在路基填筑、路面基层摊铺、特殊地基处理及非承重混凝土预制构件方面,并明确建筑垃圾再生料不宜用于承重混凝土构件。受到理论研究深度、地域及应用场景等诸多因素限制,该规范还主要依托现有的其他规范及标准,没有形成建筑垃圾自身的标准体系,建筑垃圾利用率、利用值还不高,加工处理环节复杂,施工强度高,结构稳定性、耐久性分析还缺乏广泛适应性。这主要是因为,首先,建筑垃圾性质受地域性、被拆除对象、拆除方法等因素影响,其材料组分与物理力学特征差异性很大,很难采用统一的标准去分类;其次,目前的应用研究工作,并没有注重基础试验及理论研究工作,未形成相关的理论体系及分析计算模型、指标参数等。

(2)再生混凝土工程及再生混凝土制品。

建筑垃圾再生材料的主要组成成分为无机材料,其中以混凝土块、砖块、碎石及细颗粒为代表,这些材料具有耐酸碱性、抗水性、渗透性、颗粒较大、可塑性差、不易变形等特点,可替代石料制备再生混凝土。长期以来,我国高等院校、科研机构以及企业等在建筑垃圾再生集料和再生集料混凝土方面进行了大量的研究工作,并取得了大量的科研成果。2009 年 7 月,青岛海逸景园 6 号工程的 24 层建筑采用了强度等级为 C40 的再生集料混凝土,工程质量符合要求,这是 C40 再生集料混凝土首次在国内成功应用于实际工程中。此外,目前我国很多地区开展了大量的建筑垃圾资源化利用项目,例如,陕西省华阴市亭子村建筑废弃物处理项目,该项目利用建筑垃圾生产粗、中、细三种粒度的再生集料、再生降噪砖、降噪砌块、再生挡土墙等,以及多种尺寸及强度规格的再生小型空心砌块及护坡砌块等;在粤港澳大湾区某建筑垃圾资源化利用项目中,建筑垃圾也被用来制作再生集料,其中混凝土类含量较高的再生集料用于商品混凝土掺配、压制砖的生产,废砖瓦类含量较高的再生集料用于无机混合料、再生压制砖的生产。目前,建筑垃圾再生混凝土工程在非承重构件中有一定应用,如透水砖、边坡混凝土砌块类等已较为成熟,但是在高性能混凝土以及承重构件中的应用仍不成熟,主要是由于老砂浆与石料黏结层是薄弱位置,且在再生集料加工破碎过程中存在裂隙损伤,将其作为高强度混凝土构件存在耐久性与安全风险。《公路工程利用建筑垃圾技术规范》(JTG/T 2321—2021)也不推荐建筑垃圾再生集料用于高强度等级混凝土以及承重构件制作中,因此,目前建筑垃圾用于高强度混凝土仍存在较大问题。

(3)再生微粉利用。

建筑垃圾在破碎、塑形过程以及加工厂车间空气中会产生大量细粉尘,人们之前较少关注对部分粉体的利用,往往直接废弃处理,造成二次浪费,形成新的固体废物污染。根据建筑垃圾资源化进程及工程实践经验,建筑垃圾资源化过程主要以消纳再生集料为主,再生微粉只占再生细集料的一小部分,利用率低。而近年来,建筑垃圾再生微粉产生及积累数量越来越多,逐步作为一类单独的再生材料,被广泛应用。再生微粉中 SiO_2 和 Al_2O_3 含量较高,与火山灰物质组成类似,具备一定活性,经过改性处理后是一种良好的胶凝材料,可替代水泥用于再生混凝土、再生砂浆及再生轻质材料的制备。根据原材料组成,再生微粉可以分为建筑垃圾再生砖粉和再生混凝土粉以及混合类微粉,其中再生砖粉由于砖块材料经过烧制作用,活性高于再生混凝土粉和再生微粉,但是其活性仍然不如水泥、粉煤灰等材料,因此,制约了再生微粉的利用,同时也是建筑垃圾综合利用中的技术短板。

目前,现浇泡沫轻质土已应用在道路加宽扩建工程中,并具有明显的优势。扩建路基可垂直填筑泡沫轻质土,避免或减少建筑物的拆迁。同时,软基路段扩建路堤可大幅减荷,节省扩建路基的软基处理或减小软基处理强度,并可有效减少新老路基的差异沉降及附近建筑物的附加沉降破坏。此外,通过配管泵送施工,施工占用空间小,几乎不影响现有交通,并保持现有道路设施(防撞栏、排水沟等)不破坏。用于山区陡峭路段的加宽扩建时可避免高填高挖导致的稳定问题,且能维持自然山体形态不变,保护自然环境。利用建筑垃圾再生微粉替代水泥制备泡沫轻质土具备良好的可实施性,以及推广应用前景。

1.2.5　国外建筑垃圾利用进展

(1)日本。

日本国土面积小,资源紧缺,较早开始重视建筑垃圾资源化利用工作。从 20 世纪 60 年代末开始,日本就先后制定和出台多项法律、法规加强建筑垃圾的管理,促进建筑垃圾的资源化利用,保障和鼓励建筑垃圾资源化利用工作的顺利开展,包括《有关废弃物处理和清扫的法律》(1970 年)、《再生骨料和再生混凝土使用规范》(1977 年)、《资源重新利用促进法》(1991 年)、《建筑垃圾对策行动计划》(1994 年)、《促进资源有效利用有关的法律》(2000 年)、《促进废弃物处理制定设施配备的有关法律》(2000 年)等多部法律法规。这些法律法规的颁布促进了建筑垃圾资源化利用的开展,极大地提高了建筑垃圾的管理效率和循环利用率。

日本对于建筑垃圾处置利用的原则是：尽量就地处理再利用，施工现场产生的建筑垃圾能用尽用，对于像混凝土类、砖类、渣土以及木材等价值较高的建筑垃圾，规定必须进行再生利用，对于利用价值不高或者利用困难的建筑垃圾，应尽量处理后再利用。为了保证建筑垃圾资源化利用的落实度，我国在全国各地均建立了建筑垃圾资源化处置加工厂，保证建筑垃圾利用率。

(2) 美国。

美国对建筑垃圾处理主要采用"分级管理、分级利用"的原则，要求经过加工处理后的建筑垃圾资源化利用率达到100%。美国的建筑垃圾综合利用大致可以分为3个级别：①低级利用，即现场分拣利用，一般性回填等，占建筑垃圾总量的50%~60%。②中级利用，即用作建筑物或道路的基础材料，经处理厂加工成集料，再制成各种建筑用砖等，约占建筑垃圾总量的40%。美国的大中城市均有建筑垃圾处理厂，负责本市区建筑垃圾的处理。③高级利用，如将建筑垃圾加工成水泥、沥青等再利用(这部分利用的比例不大)。目前，美国建筑垃圾资源化利用率已超过70%，相关的法律法规及政策也比较完善，对于废弃混凝土类材料，每年利用超过1亿t，再生利用技术较为成熟。

(3) 德国。

德国作为高度工业化国家，建筑垃圾资源化进程起步较早，且发展速度较快。1972年，联邦德国政府颁布了《废弃物处理法》，提出了废弃物循环利用模式。经过多年实践和不断发展完善，德国逐步在法律、设备、技术、政策形成了一套完整的废弃物循环利用体系，更是实现"全民参与、从小抓起"，提升公众在废弃物资源化循环利用的自觉性，从而保证废弃物利用率有了质的提高，在建筑垃圾资源化领域更是处于遥遥领先的地位。

(4) 丹麦。

丹麦建筑垃圾循环再生率很高，其主要激励措施是对填埋和焚烧建筑垃圾征税。丹麦环保署(EPA)进行的一项分析表明，税收在建筑垃圾再利用方面起着主要作用。从1987年1月1日起，分配到焚烧或填埋场的每吨垃圾的税收约为5欧元。至1999年，填埋税增加了900%，建筑垃圾循环率提高到了90%。

总体而言，目前发达国家普遍已经建立了垃圾的减量化、资源化和无害化处理的保障体系，有一系列技术成熟可靠、可以稳定运行的垃圾处理设施作为保障，现在这些国家正在向更高的目标发展和努力，而且发达国家当前的废物管理理念也基本上趋于统一，主要有可持续发展理念、循环经济理念、3R理念等。其中3R理念是指"减少原料

(reduce)、重新利用(reuse)和物品回收(recycle)",通过节约、回收和再利用废旧资源,重新开发其剩余价值,最终形成绿色、低碳、循环发展经济模式。

1.3 国内外研究现状

美国、日本、韩国等一些发达国家较早完成工业化建设,也更早面临着建筑垃圾资源化利用的问题,经过不断探索尝试,这些国家在建筑垃圾再利用方面已经具备一套成熟且完善的技术应用体系,能充分高效地利用建筑垃圾,利用品质及价值高,资源化利用率达到90%以上。再生资源利用是一个国家经济体发展到一定阶段的必然产物。我国经济发展起步较晚,资源化利用进展滞后于国外发达国家,但是我国高等院校、科研机构以及企业等在建筑垃圾资源化利用方面进行了大量的研究工作,并取得了大量的科研成果。尤其是近年来,我国对资源节约和环境问题的重视也促进了建筑垃圾资源化利用的步伐加快。

我国最早开展建筑垃圾资源化处理项目的地区是20世纪80年代的广西,这是我国首次利用废烧结砖代替轻集料制备混凝土。随后,在我国的北京、上海等地,有关建筑垃圾资源化利用的研究逐步展开。1990年7月,上海市第二建筑工程公司在市中心的"华亭"和"霍兰"两项工程中,将结构施工阶段产生的建筑垃圾,经分拣、剔除得到废渣碎块并粉碎后,与标准砂按1:1的比例拌和制成细集料,用于抹灰砂浆和砌筑砂浆,砂浆强度可达5MPa以上。1992年6月,北京城建(集团)某公司先后在不同结构类型的多层和高层建筑的施工过程中,回收利用各种建筑废渣840多吨,用于砌筑砂浆、内墙和顶棚抹灰、细石混凝土楼地面和混凝土垫层。2007年,依托北京市重大科技需求项目"建筑垃圾资源化关键技术与应用的研究",北京建筑工程学院、北京市市政工程研究院等单位联合研究了砖混类建筑垃圾再生粗、细集料配制路面基层材料及其制备技术,并应用于道路工程。同时还研发了建筑垃圾再生古建砖,并成功应用于北京前门地区旧城改造以及昌平十三陵新农村示范楼工程中,取得了良好效果。近年来,城市化及基础设施建设的不断推进实施,国家、政府及相关企业开始关注建筑垃圾资源化利用问题,通过政策引领支持、技术研发投入、工程落地实施多方面促进我国建筑垃圾资源化利用进程,多年来在路基再生填料、再生混凝土制品、泡沫轻质土应用方面积累了丰富的工程经验与科研成果。

1.3.1 路基工程规模化应用技术

建筑垃圾具有相当好的强度、硬度、耐磨性、冲击韧性、抗冻性及耐水性等特性,其性能优于黏土、粉质土,甚至砂土和石灰土,又具备透水性好、遇水不冻胀且不收缩等优点,是非常好的路基填料。多年来,通过大量工程实践和技术积累,在建筑垃圾再生集料替代天然土石材料填筑路基方面取得了丰富的研究成果,最大程度实现了建筑垃圾资源化利用,这也是未来推动建筑垃圾规模化应用的重要途径。

韩瑞民通过一系列的室内试验和依托工程,验证了建筑垃圾再生材料作为高速公路路基填料的可行性。结果表明:经过加工后的建筑垃圾再生材料具有强度高和稳定性好的特点,可直接或改良后用作高速公路路基填料。王新宇对建筑垃圾砖渣土含水率、液塑限、密度、易溶盐含量等基本性能开展了试验研究,证明了各项指标参数均满足路基设计规范填料要求。SharmaA 通过室内试验研究发现建筑垃圾与石灰混合料可有效地提高黏土的无侧限抗压强度和 CBR 值。Bral 和 Zekkos 分析了建筑垃圾组分、加载速率等因素对其剪切强度的影响,得到了建筑垃圾的抗剪强度指标范围,为建筑垃圾的应用提供了理论依据。徐宁通过自制新型现场直剪试验仪对建筑垃圾进行了直剪试验,得到了峰值黏聚力与内摩擦角分别为 40kPa 和 36°,与普通填土相比,建筑垃圾的剪切强度较大。周志清通过在膨胀土中掺入一定比例的建筑垃圾,显著提高了膨胀土的加州承载比(CBR)强度,降低了其涨缩性,当掺量达到 40% 以上时,建筑垃圾混合土的 CBR 值满足路床填筑要求。张远博采用离散单元法建立了建筑垃圾颗粒压缩变形破碎的数值模型发现,颗粒压缩过程存在一个明显的临界应力点,当超过这个应力点时,黏结键会发生大量断裂,增大了颗粒破碎程度与破碎速度,从微观角度模拟分析了颗粒压缩破碎过程。刘阳对建筑垃圾中砖渣、混凝土渣、砂浆在不同配比下进行了大型压缩试验,发现只有在纯砖渣时表现为中压缩性土,其他配比均为低压缩性土,通过长期静载试验发现,在前两级荷载作用下,7:2:1 配比下试件干燥状态和饱水状态的瞬时应变最小,综合性能表现较好。刘喜提出当建筑垃圾掺量为 30%~40% 时,路基填料的干密度及 CBR 值较大,密实度较高,在建筑垃圾掺量为 40.5%,砖、混凝土比例为 1:2 时,干密度最大,为 $2.02g/cm^3$。韩保刚和王天航分别针对建筑垃圾中砖渣掺配含量进行了承载比试验,结果表明,砖渣含量在 20%~100% 之间时,建筑垃圾的 CBR 值在 31%~60% 之间,满足现行规范对各级公路的强度要求。Deng Y 提出由建筑垃圾、粉煤灰和水泥组成的混合料在建筑垃圾掺量为 50% 时和易性达到最佳值。Al-Obaydi MA 通过大型模型箱试验研究了在低塑性黏土中加入碎砖块和碎混凝土再生集料对路基 CBR 性能的改善情况,掺入建筑垃圾砖块和混凝土块,CBR 值分别增加了 13.7%、49.7%,提高幅度随着填料厚度的增加而相应增大,碎混凝土的加入对路基填料性能的提高更加显著。Pateriya AS 通过在废料改善软弱土路基中掺入一定比例的氧化石墨烯粉末纳米材料对混合料进行改性加强,观察在稳定过程中相关元素、官能团及微观结构变化规律,分析了改性过程中强度增强机制,与未经处理的废料相比,改善后路基土强度显著提高。

为了进一步明确建筑垃圾填筑路基的长期服役性能,大量研究者利用室内试验、现场试验、数值计算等多种手段对再生路基填料的耐久性能展开深入研究。Khaled Sobhan 发现,建筑垃圾再生集料能够提高其在反复荷载下的疲劳性能。王蒙通过有限元软件计算得出,在标准荷载作用下,路表弯沉值随着建筑垃圾路基刚度值的增大而减小,在超载车辆反复荷载作用下,疲劳荷载会使面层底面出现剪切破坏。Zhe Li 通过室内蠕变试验研究了建筑垃圾填筑路基的长期变形特性,发现路基瞬时蠕变变形达到了总变形的 80%,变形量大于传统路基,达到蠕变稳定的时间也相应变长;结合工程现场沉降观测,路基达到沉降稳定也需要更长时间,与室内试验结果基本一致,为最不利状态下的路基沉降预测提供了方向。齐善忠通过室内性能试验、现场沉降观测发现,建筑垃圾填筑路基的沉降量远小于软土路基的规范允许值,证明了建筑垃圾水、温度稳定性较好,验证了建筑渣土用于道路路基填料的可行性。史小军对浸水前后的建筑垃圾再生料进行了回弹模量测试,浸水状态下的回弹模量(40.1MPa)比最佳含水率状态下的回弹模量(56.0MPa)降低了 28.4%,与传统路基填料在浸水状态下的回弹模量衰减情况相比,建筑垃圾再生料保持了良好的强度和水稳定性。通过水稳定性和干湿循环等耐久性试验,建筑垃圾再生集料强度损失率与天然集料基本相近,但是其干燥失水率和干缩应变相比于天然集料均大幅增加,提出了在实际工程设计中应重点关注水泥混合建筑垃圾再生材料的干缩性能指标。

Junhui Zhang 通过现场试验,确定了建筑垃圾再生料填筑路基的最佳松铺厚度和强振周期等关键施工工艺,证明了级配合理、施工工艺严格的建筑垃圾再生集料填筑路基性能良好,其路基变形小于土质路基;并基于建筑垃圾路基试验段建立全生命周期评价(Life Cycle Assessment,LCA),再生资源利用将大幅减少土壤及水体的富营养化,具有显著的环境效益。

从以上研究可以看出,建筑垃圾可以直接或者进行改良固化后用于路基中,且有较好的工程性质,国内外对将建筑垃圾用作路基填料的研究取得了不少的成功实例,积累了一定的工程经验。

1.3.2 再生混凝土应用技术

再生集料混凝土(Recycled Aggregate Concrete,RAC)是指应用再生集料全部或者部分取代天然砂石集料,再加入水泥、水、添加剂或外加剂、矿物掺合料等配制而成的新拌混凝土,简称为再生混凝土。影响再生混凝土性能的因素较多,国内外研究者主要从强化再生混凝土的界面过渡区(ITZ)、配合比设计、添加剂或外加剂的使用、矿物掺合料的使用、基体混凝土的强度、再生集料的取代率等方面进行研究。同时根据建筑垃圾再生集料强度高低进行差异化利用,包括再生砖、再生砌块等低强度再生制品及一些高强度混凝土构件,并取得了大量科研成果。

再生集料及再生混凝土的研究最早始于日本、欧洲等国家和地区,第二次世界大战后的灾后大规模重建工作直接、快速、有效地促进了建筑垃圾的规模化利用。20世纪50年代,德国就开始将建筑废砖作为混凝土材料进行使用,在全国各地建设大量的建筑垃圾回收利用工厂。1998年,德国还制定了《混凝土再生骨料应用指南》,要求再生混凝土必须完全符合天然混凝土国家标准,规范了再生混凝土的应用。日本在1970年制定了《再生骨料和再生混凝土使用规范(案)》,之后又制定了《建筑副产物的排放控制以及再生利用技术的开发》《资源再生法》等一系列法规与规划,使建筑垃圾的回收利用率接近100%。此外,美国在1982年制定的集料标准中规定,混凝土经过破碎后可以作为再生集料应用于工程建设。其提出了转筒式搅拌机干拌法,通过物料在转筒式搅拌机中的飞速旋转来去除集料表面附着的硬化砂浆,大幅提升再生集料的品质。

在相关技术研究方面,Jagannadha Rao和Sastri研究了再生粗集料取代率为50%时,高强再生混凝土与高强天然混凝土耐酸性能的差异;Xu Jie等通过声发射技术对不同再生粗集料取代率下再生混凝土与带肋钢筋之间的黏结性能进行了试验研究。雷斌通过将一定比例的废混凝土和废砖块材料混合制成建筑垃圾再生混凝土,发现当掺入25%的砖集料时,建筑垃圾再生混凝土满足道路面层用混凝土力学性能要求,并提出了建筑垃圾再生混凝土计算公式。马晓楠提出当建筑垃圾再生粗集料体积替代率为30%时,采用小粒径的再生集料可以使混凝土获得相对较高的抗压强度和劈裂抗拉强度。马永志提出,当再生粗集料替代率大于25%后,混凝土抗压强度明显下降;当替代率为100%时,较普通混凝土强度下降37%左右。在低强度再生砖方面,吴珀宇提出经过一定的配合比设计的再生混凝土路面砖早期强度能满足路面砖规范要求。于艳萍通过废弃砖破碎筛分的再生粗集料,制备再生混凝土三孔砖,发现再生集料掺量为40%时,三孔砖综合性能较优,采用矿粉外裹集料后,由于矿粉中的细小颗粒对再生集料表面裂隙具有填充和化学强化作用,界面水化物更为丰富,表面附着了大量的C-H-S簇状水化产物,排列更为紧凑密实。谢尚锦提出当建筑垃圾集料掺量小于或等于75%时,实心砖的抗压强度等级可达到MU15。詹丽萍提出,建筑垃圾再生粗集料可用于再生混凝土路面砖的生产,适宜的水灰比是0.4,抗压强度随着再生粗集料掺量的增加先增大后减小,适宜掺量为20%。

与天然粗集料相比,建筑垃圾粗集料颗粒棱角分明,表面更粗糙,附着有大量的硬化水泥砂浆,内部存在着前期破碎过程积累的微细纹,导致再生粗集料具有孔隙率大、吸水率大、堆积密度小、压碎指标高、表面惰性化程度高、微粉含量高等特征,因此,目前大多时候通过调节掺量等因素,来实现再生集料利用,导致再生集料工程价值低,应用范围大大受限。为了进一步提高再生混凝土及相关制品的力学及耐久性能,拓宽再生集料的应用范围及场景,国内外学者通过物理、化学改性、掺入外掺剂等方法,提高集料品质,进一步提升再生混凝土的力学性能。目前常用的方法主要包括机械研磨法、湿处理法、化学改性法等,具体处理措施及其优缺点见表1.3-1。

不同处理方法及其优缺点 表1.3-1

方法	实施步骤	优点	缺点
物理机械研磨法	将原材料放入球磨机内,利用高速离心力和摩擦力去除集料表面附着的硬化水泥砂浆和突出棱角	通过研磨作用使得集料颗粒形态变得浑圆、规整,可以提升集料性能,降低压碎指标	球磨机工作性能不同,改性效果差异较大,且研磨作用对集料内部微细纹的改善效果并不理想,甚至在高速碰撞作用中会加重细裂纹
化学改性法	通过加入硅酸钠等化学外掺剂,产生一些钙质化合物	改善再生粗集料的细部孔隙结构,降低孔隙率,提高密实度,进而降低吸水率	不同外掺剂种类及不同掺量改性效果大不相同,配合比设计工作量大
湿处理法	是指用清水对建筑垃圾再生集料进行浸泡、冲洗,洗去附着在表面的粉尘、泥块和杂质	能有效降低再生粗集料的微粉含量	浸水处理虽能清除集料表面浮尘及杂质,但水分易通过集料裂隙进入集料内部,降低集料性能,同时湿处理法对集料性能提升效果有限

通过大量研究，ECKERT、Matthias发现，当集料饱和面干后，集料外部游离水和内部自由水形成水通道，会削弱集料和水泥浆的黏结面，影响混凝土的工作性能。Behera等研究了再生细集料与粉煤灰掺量对自密实再生混凝土的流动性能、强度、收缩特性及微观结构的影响。王军提出在再生混凝土中加入萘系减水剂、引气剂对再生混凝土的抗压性能及抗冻融性能均有一定提高。张会芳采用浓度5%的硅酸钠溶液对再生粗集料进行表面处理，处理过的再生粗集料吸水率明显降低，矿物外加剂有助于强度加强。夏阳提出在再生混凝土制备过程中，添加10%的粉煤灰，有助于提高再生集料混凝土的整体强度。雄枫采用2%硅酸钠溶液对再生粗集料浸泡处理5h时，改性效果相对较优，此时吸水率为2.7%，达到Ⅰ类再生粗集料对吸水率的性能要求（<3%），较未处理的降低了37.2%。

1.3.3　再生粉料泡沫轻质土应用技术

泡沫轻质土是指用物理方法将发泡剂水溶液制备成泡沫，与水泥基胶凝材料、水、外加剂按照一定的比例混合搅拌，并经物理化学作用硬化形成的一种轻质材料。泡沫轻质土制备过程如图1.3-1所示。泡沫轻质土具有多孔性、轻质性、密度和强度可调节性、耐久性、施工无扰动、自密实、固化后可自立等优良特性，因此近年来在道路工程中得到了广泛的应用，在鸟巢、北京地铁奥运支线、京珠高速公路等工程中应用效果显著。泡沫轻质土能快速施工，节省工期，但其制备过程需要消耗大量的水泥，造价仍然较高，且水泥作为胶凝材料，应用场景多，消耗量大。为了降低泡沫轻质土的制备成本，提升其应用品质，大量研究学者开发了多种原材料来替代水泥，以降低造价，包括粉煤灰、矿粉、炉渣粉、再生微粉等。在建筑垃圾再生微粉的研究中，发现其主要组成成分为SiO_2和Al_2O_3，具有一定活性，且在建筑垃圾过去的资源化进程中，主要利用建筑垃圾再生集料，对再生微粉较少关注，所以建筑垃圾再生微粉存量大，利用再生微粉替代水泥制备泡沫轻质土具有可行性与低碳价值，可弥补建筑垃圾利用技术短板，也为建筑垃圾再生微粉的利用提供了方向。

P. K. Moore和M. R. Jones尝试掺入水泥、粉煤灰等外掺剂改善泡沫轻质土性能，并分析不同外掺剂种类及掺量对其物理性能及力学性能提高机理及改善效果。通过研究，发现硅粉和粉煤灰能有效改善泡沫轻质土的流动性及强度。

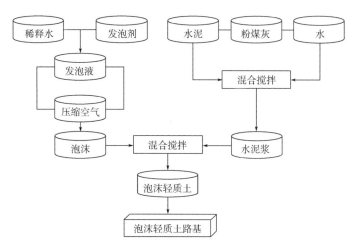

图 1.3-1　泡沫轻质土制备过程

廖师贤利用再生砖粉替代水泥制备泡沫轻质土,掺入再生砖粉提升了水化产物的生成量,改变了泡沫轻质土的微观结构,使结构更加密实,当水灰比为 0.4、浆体取代率为 12% 时,试件抗压强度最大,达到 3.21MPa。李欣通过设置建筑垃圾再生微粉掺量梯度,发现随着再生微粉掺量增加,泡沫轻质土强度先增大后减小,其中当掺量为 5% 时,28d 抗压强度最高。崔宁制备了砖混类再生微粉,45μm 以下颗粒占比 35.42%,75μm 以下颗粒占比 53.58%,200μm 以下颗粒占 83.55%,在混合料中早期强度发展起主要填充作用;同时通过试验研究,发现再生微粉掺量对浆体流动度影响较大。董建军通过正交试验研究发现,气泡群掺量对泡沫轻质土抗压强度影响最大,微粉掺量次之,水固比再次之,同时给出最佳配合比为气泡群掺量 4%,微粉掺量 30%,水固比 0.6,稳泡剂掺量 0.07%。张松通过超微气流粉碎机制备的再生微粉粒径分布在 10~60μm 之间、再生微粉掺量为 10% 时,抗压强度达到最高,为 3.09MPa,相比纯混凝土提高了 11.6%。陈钒为研究粉煤灰掺量对泡沫轻质土工作及力学性能的影响,根据工程实际需要设计出两种配比共 16 组试验进行分析。结果表明:随着制备的泡沫轻质土中粉煤灰替代量逐步增加,泡沫轻质土综合质量呈现下降趋势,但其综合性能基本满足设计指标要求,30% 粉煤灰掺量为最佳配比掺量;泡沫轻质土具有良好的经济性,可节约工程材料成本约 10%。欧孝夺为更好地利用大量废弃的铝土尾矿泥,将其用于泡沫轻质土的制备,建立了无侧限抗压强度与湿密度的关系,揭示体积吸水率随浸泡时间的变化规律,铝土尾矿泥不仅可作为泡沫轻质土的集料,也可充当胶凝材料取代部分水泥,无侧限抗压强度随着湿密度的增加呈近似指数型增长。陈金威为了选用矿粉、粉煤灰、矿渣和高岭土 4 种掺料的泡沫轻质土试件,进行了 7d 和 28d 无侧限抗压强度试验和直剪试验,发现掺加矿粉和粉煤灰的泡沫轻质土表现出较高的强度特性。吴海刚将大体积泡沫轻质土应用在厚度大于20m、性质差的软土地基上,应用效果良好,有效解决了不均匀沉降问题。

1.4 本书主要内容

(1)建筑垃圾在路基工程中的规模化应用技术。

采用调查统计与室内试验相结合的方法,通过建筑垃圾再生料成分特性、物理组成相关试验,得到不同集料含量比例、孔隙率、含水率等基本性能指标,根据基本性能指标,通过重型击实试验、无侧限抗压强度、CBR试验等,提出不同粒径组成、不同浸水条件下,建筑垃圾作为路基填料的粒径控制标准及级配组成,并给出关键参数。

(2)建筑垃圾再生集料在混凝土构件中的利用技术。

针对建筑垃圾筛分出来的混凝土块,基于强度试验,通过改良配合比设计或加入添加剂的方式,对于低强度建筑垃圾再生集料,提出用于再生集料混凝土道砖、再生护坡砖、再生集料混凝土砌块等的适宜性及材料控制标准。对于高强度建筑垃圾再生料,通过配合比设计、改性等手段,解决其结构力学性能及耐久性和适宜性问题,提出用于高强度混凝土构件时的典型配合比设计方案。

(3)建筑垃圾再生微粉泡沫轻质土材料及应用技术。

建筑垃圾再生微粉具有质量轻、内摩擦角大、透水性强等优点,可作为泡沫轻质土中原材料水泥的替代材料。采用室内试验和理论分析相结合的办法,基于建筑垃圾再生微粉开展系统的室内物理力学特性试验,详细阐述建筑垃圾再生微粉的密度、含水率、细度等特征,提出建筑垃圾再生微粉质量控制评价标准;分析不同掺量条件下,建筑垃圾再生微粉泡沫轻质土体积密度、强度、流动性等特征,为不同应用场景提供配合比设计方案;模拟建筑垃圾再生微粉泡沫轻质土在干湿循环、冻融循环作用等不同应用场景的强度特征,为建筑垃圾再生微粉泡沫轻质土推广应用提供参考。

第2章 建筑垃圾再生材料性能指标和分类

建筑垃圾来源主要包括从路域范围内城镇村庄拆除的房屋建筑结构以及道路工程上拆除的桥梁结构、挡土墙和沿线管涵等构筑物，来源的复杂性决定了建筑垃圾成分的复杂性。建筑垃圾处理方案及加工技术决定着再生集料的应用范围及应用品质。通过对建筑垃圾加工企业及工程应用现场情况调研，当前建筑垃圾加工作业所采用的设备包括颚式破碎机、反击式破碎机、磁选机、筛分设备、风选设备等，现场作业往往采用移动式破碎设备做就地处理，设备简单。在应用过程中，绝大多数企业采用粗放式管理，将不同来源、不同结构强度、不同组成成分的拆除物全部堆放在一起，然后直接破碎，并未做拆除物源头控制、方案设计、分途径利用这一步工作，由此造成利用建筑垃圾加工的再生集料品质差、使用层次低、价格缺乏竞争力，同时存在二次环境污染的压力，使得企业对建筑垃圾资源化利用的热度不高，使用单位在设计、施工时不敢用、不会用建筑垃圾，严重制约了建筑垃圾资源化再利用进程。

2.1 建筑垃圾再生材料加工方式

建筑垃圾在公路工程中的再生利用是个多环节的系统工程，要经过拆除、运输、分解、加工、分类，根据不同的使用类型在路基工程和混凝土工程中进行应用。随着建筑垃圾处理技术在我国不断发展和完善，发展到现在，市场上较适宜建筑垃圾处理的设备为破碎筛分联合一体化的设备。根据其能否自行移动又将建筑垃圾处理机械设备分为固定式破碎筛分设备和移动式破碎筛分设备两种，其中固定式破碎筛分站又可分为全固定式破碎筛分设备和半固定式破碎筛分站两种，移动式破碎筛分设备又可分为轮胎式移动破碎筛分站和履带式移动破碎筛分站。

由于公路工程对于建筑垃圾再生材料的需求量较大，故多采用多台固定式破碎筛分设备和移动式破碎筛分站联合加工作业。对于固定式加工，随着建筑垃圾再生利用的发展,已有诸多环保类企业建立了规模化的建筑垃圾加工处理厂,建筑垃圾固定式生产车间加工流程如图2.1-1、图2.1-2所示。

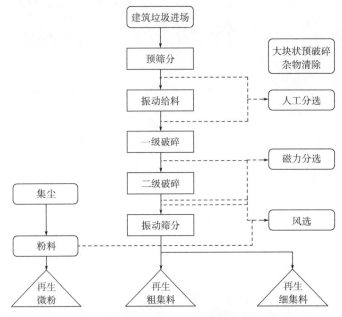

图 2.1-1　建筑垃圾固定式生产车间加工流程

图　2.1-2

e) 二级破碎、分选　　　　　　　　f) 分粒径输出

图 2.1-2　建筑垃圾加工再处理过程

建筑垃圾固定式生产车间加工,先将直接拆除的大块状拆除物在加工车间外进行预破碎,再进行颚式破碎机初破-人工分拣钢筋、塑料袋等轻杂物质-磁力分选装置-反击破二级破碎-振动筛分-不同粒径再生集料输出。集尘粉末,形成再生粉料。经过加工处理后的再生集料及再生粉料如图 2.1-3、图 2.1-4 所示,不同粒径建筑垃圾再生材料如图 2.1-5 所示。

图 2.1-3　建筑垃圾再生集料

图 2.1-4　建筑垃圾再生粉料　　　　图 2.1-5　不同粒径建筑垃圾再生材料

移动式破碎站可由货车移动牵引,内部组成包括反击式破碎机、振动筛、传动带等。移动式破碎站的显著特点是机动性强,相对固定式设备加工方式造价较低,同时减少了

运输及再生集料购置成本。工程现场采用移动破碎站进行再生加工,对现场工程拆除物直接就地处理再利用,与我国建筑垃圾实际应用情况比较契合。

2.2 建筑垃圾再生材料性能与试验分析

建筑垃圾再生材料属于土石混合的粗粒土,其工程特性与其主要成分性质及相对含量密切相关。与天然碎石相比,建筑垃圾再生材料经过拆除及破碎制成,棱角多、表面粗糙、组分中还含有硬化水泥砂浆,再加上混凝土块在破碎过程中因损伤累积在内部造成大量微裂纹,多种因素导致再生集料孔隙率大,吸水率和吸水速度增大,同时,不同强度等级混凝土通过破碎与筛分制备出的再生集料性能差异很大,因此,应根据不同的工程应用场景确定再生材料级配范围及利用方案。

2.2.1 建筑垃圾组成特征及成分分析

与常规路基填料相比,建筑垃圾再生材料物质组成成分复杂、压碎值高、吸水率大,存在二次破碎、级配不连续、集料裂隙导致黏结不紧密等问题。建筑垃圾再生材料的主要组成成分包括混凝土类、砖类、细料类、废砂浆类以及杂物质类。

(1)混凝土类再生材料。

建筑垃圾再生材料中,混凝土类占比最大,为60%~80%,其粒形较好,结构致密,孔体积含量极低,比重较大,强度较高,具有较高的利用价值,利用范围较广,可以广泛应用于路基填筑、高性能再生混凝土工程建设等。混凝土类再生材料如图2.2-1所示。

图 2.2-1 混凝土类再生材料

(2)砖类再生材料。

建筑垃圾再生材料中,砖类材料含量较大,其形状不规则,棱角多,针片状颗粒含量较高,表面多孔,吸水率大,比重较小,属于质轻多孔结构;此外,建筑垃圾在加工破碎过程中由于损伤积累使得砖块类再生集料内部可能存在大量微裂纹,因此在振动压路机碾压过程中容易发生进一步破碎。砖类再生材料如图2.2-2所示。

(3)细料类再生材料。

建筑垃圾再生材料中,渣土类含量较大,为粒径小于或等于4.75mm的细颗粒,主要为建筑垃圾加工破碎过程中产生的砖块碎屑、剥离的砂浆颗粒以及夹杂其中的尘土,由砖渣、砂粒和粉粒组成,黏粒含量很少,类似砂类土,具有内摩擦角大、黏聚力小和透水性强等特点。细料类再生材料如图2.2-3所示。

图2.2-2　砖类再生材料

(4)废砂浆类再生材料。

从图2.2-4中可以看出,建筑垃圾再生材料中废砂浆类材料形状也不规则,棱角少、较圆润,结构不致密,属于质轻多孔结构,表面疏松多孔,废砂浆的孔体积含量很高,较砖块多,比重较小。与砖块类再生材料类似,在振动压路机碾压过程中废砂浆类再生材料也容易发生进一步破碎。

图2.2-3　细料类再生材料　　　图2.2-4　废砂浆类再生材料

(5)杂物质再生材料。

建筑垃圾在加工过程中虽经过简单的人工挑拣和风选处理,但加工后的建筑垃圾再生材料中仍不可避免地会混杂相当一部分杂物。杂物是指建筑垃圾再生材料中除废混凝土块类、废砖块及细料类外的其他物质,包括废瓷砖块、木材、塑料类、玻璃、陶瓷、金属、布料等。

《混凝土用再生粗骨料》(GB/T 25177—2010)中对于杂物含量的要求为小于1.0%(按质量计),鉴于建筑垃圾再生材料与混凝土用再生粗集料的加工处理方式有很大的不同,同时建筑垃圾再生材料的使用层次和部位也不一样,因此,当将建筑垃圾再生材料用于路基工程中时,对于其杂物含量指标的要求应有别于《混凝土用再生粗骨料》

(GB/T 25177—2010)中对于杂物含量的要求。通过对建筑垃圾混合料进行观察对比分析，当杂物含量超过0.1%时，经目测混合料的杂物较多，用于路基填筑后势必会对路基运营后长期性能产生一定的影响。因此，用于填筑路基工程的建筑垃圾再生材料的杂物含量应不超过0.1%。

2.2.2 建筑垃圾再生材料的基本性能

建筑垃圾再生集料级配连续性对建筑垃圾路基填筑性能具有重要影响。为了便于对后续路基填料应用的级配设计作出优化，开展建筑垃圾材料基本性能试验，将建筑垃圾再生材料分为0～5mm、5～10mm、10～20mm、20～40mm 4档，按《公路土工试验规程》（JTG 3430—2020）对各档集料开展基本性能试验，包括颗粒筛分试验、天然含水率、吸水率、表观密度、针片状颗粒含量等指标。

（1）颗粒筛分试验。

对建筑垃圾塑料、木屑、纸片等轻杂物质进行人工拣除后，按《公路土工试验规程》（JTG 3430—2020）对0～5mm、5～10mm、10～20mm、20～40mm 4档材料进行筛分试验，如图2.2-5所示，得到建筑垃圾筛分结果见表2.2-1。

图2.2-5　建筑垃圾筛分

各档集料筛分试验结果　　　　　　表2.2-1

筛孔尺寸 (mm)	各档集料粒径(mm)			
	20～40	10～20	5～10	0～5
31.5	100.00	100.00	100.00	100
26.5	86.73	100.00	100.00	100
19	5.65	99.48	100.00	100
16	3.73	62.07	100.00	100
13.2	1.70	33.68	100.00	100
9.5	0.31	1.72	97.82	100
4.75	0.26	0.69	26.71	88.47
2.36	0.22	0.56	5.63	71.94

续上表

筛孔尺寸(mm)	各档集料粒径(mm)			
	20~40	10~20	5~10	0~5
1.18	0.19	0.45	0.46	60.68
0.6	0.15	0.35	0.40	39.42
0.3	0.12	0.27	0.35	24.17
0.15	0.11	0.20	0.29	13.99
0.075	0.10	0.17	0.24	10.22
<0.075	0.09	0.15	0.20	0.7

(2)天然含水率试验。

通过试验测定建筑垃圾再生集料的含水率,以便于后期施工过程对现场洒水量进行控制。要求建筑垃圾再生集料出场时,应抽取代表性的样品测定其含水率。含水率与加工前的建筑垃圾性质、加工处理方式以及加工后的堆放时间等因素有关。因此,不同批次加工的建筑垃圾再生材料的含水率会存在很大的差异。按《公路土工试验规程》(JTG 3430—2020),对建筑垃圾 0~5mm、5~10mm、10~20mm、20~40mm 4档集料分别进行天然含水率试验,得到各档集料天然含水率试验结果见表2.2-2。

各档集料天然含水率试验结果 表2.2-2

集料粒径范围(mm)	20~40	10~20	5~10	0~5
天然含水率(%)	6.97	6.96	7.01	8.39

由表2.2-2可以看出,再生集料含水率分布范围为6%~9%,其中再生粗集料(粒径5~40mm)天然含水率相差不大,均在7%左右;再生粗集料(0~5mm)含水率大于前三档集料,为8.39%;再生细集料中细颗粒含量多,含水率大。

(3)废混凝土、废砖块等主要成分占比。

建筑垃圾物质组成及占比对建筑垃圾再生集料强度特性、吸水率、压碎值指标等具有重要影响,因此,对建筑垃圾 5~10mm、10~20mm、20~40mm 三档集料按废混凝土块、废砖块、废砂浆块分类挑拣,得到建筑垃圾不同组成成分占比试验结果见表2.2-3。

各档材料物质组成占比试验结果 表2.2-3

集料粒径范围(mm)	20~40	10~20	5~10
物质组成占比(%) (废混凝土块:废砖块:废砂浆块)	71.5:16.6:11.9	67.0:20.1:12.9	68.5:19.8:11.3

由表2.2-3可以看出,三档集料物质组成占比基本一致,废混凝土块:废砖块:废砂浆块占比均稳定在7:2:1左右,废混凝土块类占比最大,约为70%,说明废混凝土块类对再生混合料强度贡献最大,整体强度性能良好。同时经过现场分拣,建筑垃圾再生集料中,像塑料、木屑、纸片等轻杂物质含量约为0.1%,占比不大。

(4)针片状颗粒含量。

按《公路土工试验规程》(JTG 3430—2020),对三档集料进行针片状颗粒含量试验,试验结果见表2.2-4。

各档集料针片状颗粒含量试验结果　　　　表2.2-4

集料粒径范围(mm)	20~40	10~20	5~10
针片状颗粒含量(%)	17.73	10.65	17.31

由表2.2-4可以看出,5~10mm和20~40mm两档集料针片状颗粒含量相近,为17%~18%,10~20mm档集料针片状颗粒含量远低于其他两档,仅为10.65%,说明该档集料粒形较好。

(5)表观密度、吸水率等。

建筑垃圾再生集料中,砖块和混凝土块结构不同,砖块由于表面及内部孔隙多,吸水率远大于混凝土块,因此,将再生集料按照砖块与混凝土块分类开展建筑垃圾再生集料吸水率试验,得到试验结果见表2.2-5。

各档集料密度、吸水率、含水率试验结果　　　　表2.2-5

试验项目	废砖块类	废混凝土块类
表观相对密度(g/cm^3)	1.734	1.819
表干相对密度(g/cm^3)	1.586	1.766
毛体积相对密度(g/cm^3)	1.383	1.702
吸水率(%)	0.146	0.038
含水率(%)	0.157	0.043

由表2.2-5可以看出,废砖块类的吸水率(14.6%)远高于废混凝土块类(3.8%),且废砖块类强度低,在设计中应关注废砖块类吸水软化对工程的不利影响。

通过对建筑垃圾再生集料组成成分的挑选并称重,各成分所占比重由大到小依次为废混凝土块、废砖块、废砂浆块。其中,废混凝土块和废砖块所占比重最大,是建筑垃圾再生集料的主要组成成分。而再生集料组成成分也直接影响到其密度、压碎指标以及无机结合料稳定后的强度。

2.3 规范中建筑垃圾再生材料分类及其标准

由于建筑垃圾再生材料中颗粒组成比较复杂,颗粒粒径的分布范围也较广,为此我们定义建筑垃圾再生材料中颗粒粒径小于或等于4.75mm的部分为细集料,建筑垃圾再生材料中颗粒粒径大于4.75mm的部分为粗集料。在建筑垃圾再生材料混合料体系中,粗集料主要起骨架支撑作用,而细集料起着填充粗料之间的空隙和连接集料的作用,粗细集料相互补充。当粗集料数量过多时,细集料则无法填满粗集料之间的空隙,造成混合料中间形成大量空隙,此时的结构类型为骨架-空隙结构,这种结构具有内摩擦角小、黏聚力小、渗透性强的特点,混合料的干密度也较小。当细集料逐渐增加到一定含量时,混合料的干密度达到峰值,此时混合料的结构类型由骨架-空隙结构逐渐变为悬浮-密实结构,这种结构摩擦角大、黏聚力大、渗透性小,而且具有强度高、承载力高的特点。因此,粒径小于4.75mm的细集料含量对于建筑垃圾混合料的结构类型起着至关重要的作用,也是混合料的干密度乃至强度的重要影响因素之一。

不同加工批次堆放的建筑垃圾的组分和级配组成的差异性较大,应用前必须对其采取一定的分类措施后有选择地进行应用。根据实际工程应用需求,建筑垃圾再生材料分类应考虑的技术要求主要有粒径分布、压碎指标、空隙率、表观密度、轻杂物质含量、微粉含量、泥块含量、吸水率、针片状颗粒含量、有害物质含量等。

(1)《建筑废弃物填筑路基施工技术规范》(DB41/T 1193—2016)。

河南省地方性标准《建筑废弃物填筑路基施工技术规范》(DB41/T 1193—2016)中给出建筑垃圾废弃物填料40mm以上颗粒含量宜不小于10%,5mm以上颗粒含量宜在35%~85%之间,0.075mm以上颗粒含量宜不小于90%,不均匀系数不小于5%,路床填料最大粒径60mm,路堤填料最大粒径150mm。

(2)《建筑垃圾再生材料路基施工技术规范》(DB61/T 1149—2018)。

陕西省地方性标准《建筑垃圾再生材料路基施工技术规范》(DB61/T 1149—2018)中规定建筑垃圾再生材料路床填料最大粒径60mm,路堤填料最大粒径150mm,见表2.3-1。

《建筑垃圾再生材料路基施工技术规范》(DB61/T 1149—2018)路堤填筑要求　　表 2.3-1

应用部位	>4.75mm 颗粒含量（%）	>0.075mm 颗粒含量（%）	不均匀系数
路床	50~70	90~100	≥5
路堤	40~60	90~100	≥5

(3)《公路工程利用建筑垃圾技术规范》(JTG/T 2321—2021)。

《公路工程利用建筑垃圾技术规范》(JTG/T 2321—2021)将建筑垃圾再生集料分为Ⅰ类、Ⅱ类、Ⅲ类三个类别,进一步将各个类别再划分为再生粗集料和再生细集料,并给出了各类材料的颗粒组成及技术要求。Ⅰ类建筑垃圾的再生材料的颗粒组成及技术要求见表 2.3-2~表 2.3-5。

Ⅰ类建筑垃圾再生粗集料颗粒组成　　表 2.3-2

粒径(mm)	通过以下筛孔(mm)百分率(%)							
	37.5	31.5	26.5	19.0	16.0	9.5	4.75	2.36
20~30	100	90~100	—	—	0~15	—	0~5	—
10~20	—	—	100	85~100	—	0~15	0~5	—
5~10	—	—	—	—	100	85~100	0~20	0~5

Ⅰ类建筑垃圾再生细集料颗粒组成　　表 2.3-3

粒径(mm)	通过以下筛孔(mm)百分率(%)							
	9.5	4.75	2.36	1.18	0.6	0.3	0.015	0.075
通过百分率(%)	100	90~100	65~95	35~65	15~30	5~20	0~20	0~10

Ⅰ类建筑垃圾再生粗集料技术要求　　表 2.3-4

项目	A 级	B 级
表观密度(kg/m³)	≥2350	≥2250
空隙率(%)	<50	<53
压碎指标(%)	<20	<30
轻质杂物含量(%)	≤0.1	
再生混凝土颗粒含量(%)	≥60	≥40
微粉含量(%)	<2.0	<3.0
泥块含量(%)	<0.7	<1.0
吸水率(%)	<5.0	<8.0

续上表

项目		A 级	B 级
针片状颗粒含量(%)		<10.0	
坚固性(饱和硫酸钠溶液中质量损失)(%)		<10.0	<15.0
有害物质含量	有机物	合格	
	硫化物及硫酸盐（折算成 SO_3，按质量计）(%)	<2.0	
	氯化物(以氯离子质量计)(%)	<0.06	

Ⅰ类建筑垃圾再生细集料技术要求　　　　表 2.3-5

项目		A 级	B 级
表观密度(kg/m^3)		≥2450	≥2350
堆积密度(kg/m^3)		≥1350	≥1300
空隙率(%)		<46	<48
微粉含量(%)	亚甲蓝(MB)值<1.40 或合格	<5.0	<7.0
	亚甲蓝(MB)值≥1.40 或不合格	<1.0	<3.0
泥块含量(%)		<1.0	<2.0
单级最大压碎指标(%)		<20	<25
坚固性(饱和硫酸钠溶液中质量损失)(%)		<8.0	<10.0
碱集料反应性能		经碱集料反应试验后，由再生细集料制备的试件无裂缝、酥裂或胶体外溢等现象，膨胀率小于0.10%	
有害物质含量	云母含量(%)	<2.0	
	轻质杂物含量(%)	<1.0	
	有机物含量(比色法)	合格	
	硫化物及硫酸盐(折算成 SO_3，按质量计)(%)	<2.0	
	氯化物(以氯离子质量计)(%)	<0.06	

Ⅱ类建筑垃圾再生材料颗粒组成及技术要求见表2.3-6～表2.3-9。

Ⅱ类建筑垃圾再生粗集料颗粒组成　　　　　　　　表2.3-6

粒径（mm）	通过以下筛孔（mm）百分率（%）					公称粒径（mm）
	37.5	31.5	19.0	9.5	4.75	
20～30	100	90～100	0～10	—	—	19～31.5
10～20	—	100	90～100	0～10	0～5	9.5～19
5～10	—	—	100	90～100	0～10	4.75～9.5

Ⅱ类建筑垃圾再生细集料颗粒组成　　　　　　　　表2.3-7

粒径（mm）	通过以下筛孔（mm）百分率（%）				
	9.5	4.75	2.36	0.6	0.075
0～5	100	90～100	—	—	0～20

Ⅱ类建筑垃圾再生粗集料技术要求　　　　　　　　表2.3-8

项目	A级	B级	C级
压碎值（%）	≤30	≤35	≤40
针片状颗粒含量（%）	≤18	≤20	≤20
0.075mm以下粉尘含量（%）	≤1.2	≤2.0	≤5.0
轻质杂物含量（%）	≤0.3	≤0.5	≤1.0
再生混凝土颗粒含量（%）	≥40	≥35	≥30

Ⅱ类建筑垃圾再生细集料技术要求　　　　　　　　表2.3-9

项目	A级	B级	C级
0.075mm以下材料的塑性指数	≤17		
砂当量（%）	≥40		
有机质含量（%）	<2.0		
硫酸盐含量（%）	≤0.25		—
泥块含量（%）	≤2.0	≤3.0	—

Ⅲ类建筑垃圾再生材料用于路堤填筑时，填料粒径应小于150mm，路床及台背填料粒径应小于100mm。建筑垃圾再生材料用于垫层或换填处理时，最大粒径不宜大于100mm，含泥量不应大于5%。

各类建筑垃圾再生材料应用范围见表2.3-10。

各类建筑垃圾再生材料应用范围　　　　　表 2.3-10

应用范围		Ⅰ类		Ⅱ类			Ⅲ类
		A级	B级	A级	B级	C级	
水泥混凝土	公路非承重结构水泥混凝土构件和相应等级水泥混凝土	√	√				
路面基层	高速公路、一级公路基层			√			
	高速公路、一级公路底基层、二级及二级以下公路基层			√	√		
	二级及二级以下公路底基层			√	√		
路基	台背回填、桩类地基			√	√		
	各等级公路路基填筑、地基换填、垫层处			√	√	√	√

由表 2.3-10 可以看出,《公路工程利用建筑垃圾技术规范》(JTG/T 2321—2021)规定Ⅱ类及Ⅲ类再生集料可用于路基填筑,对Ⅱ类再生粗集料仅是明确了建筑垃圾 5~10mm、10~20mm、20~30mm 三档材料的颗粒组成各孔径筛孔通过率,Ⅲ类再生集料最大粒径不应超过 150mm,但并未明确应用于路基填筑的建筑垃圾再生混合料的级配设计。

综上,在对建筑垃圾再生料进行应用前,参考分类标准进行分类,并对照工程所在地的地方性标准或行业标准,不得低于地方性标准或行业标准的相关要求,可根据工程实际情况进行优化设计。

2.4　本章小结

建筑垃圾再生材料形好、含水率低、具有一定强度,是一种良好的建筑材料,可广泛应用于路基工程、路面砖、路缘石、排水沟等预制构件、高性能再生混凝土制备过程中,应用于不同场景时会有不同的技术指标要求,应开展相关试验检测,制定针对性的利用方案,以提高建筑垃圾的利用价值及综合利用率。

(1)对建筑垃圾加工及应用工程进行实地调研,对建筑垃圾的来源、种类、组成成分、加工设备、加工工艺、应用情况进行调查了解,掌握建筑垃圾应用现状,以及再利用过程中存在的问题。

(2)对建筑垃圾的颗粒分布、含水率、物质组成及比例、针片状颗粒含量、表观密度及吸水率等开展室内试验,5~40mm档再生粗集料天然含水率在7.0%左右,0~5mm再生细集料天然含水率高于再生粗集料,为8.39%;再生混合料主要物质组成占比,废混凝土块:废砖块:废砂浆块占比均稳定在7:2:1左右;10~20mm档材料针片状颗粒含量最少,粒形较好;废砖块的吸水率(14.6%)远高于废混凝土块(3.8%),在应用设计中应关注废砖块吸水软化对工程的不利影响。掌握建筑垃圾再生混合料基本物理特性及材料特征,为下一步研究开展奠定基础,提供基础参考数据。

(3)梳理了河南省、陕西省地方性标准及现行行业标准《公路工程利用建筑垃圾技术规范》(JTG/T 2321—2021)中对建筑垃圾再生材料的颗粒组成及技术要求,在实际应用过程中,应结合不同的应用场景,制定工程适用的再生材料利用技术方案,并不应低于现行规范中的技术指标。

第3章 建筑垃圾路基工程应用研究

公路建设过程不可避免会遇到填方路堤,部分还存在大量高填方路堤工程,土石方需求量巨大,出于运输成本、工程造价、资源利用、环境保护等考虑,一般要求路堤填料就地取材,缩短运输距离,减少运输成本及材料外购成本。《公路路基设计规范》(JTG D30—2015)第3.3.3条提出路堤填料应符合下列要求:

(1)路堤宜选用级配较好的砾类土、砂类土等粗粒土作为填料,填料最大粒径应小于150mm。

(2)泥炭、淤泥、冻土、强膨胀土、有机土及易溶盐超过允许含量的土等,不得直接用于填筑路堤。季节冻土地区路床及浸水部分的路堤不应直接采用粉质土填筑。

(3)路堤填料最小 CBR 应符合表3.0-1 的规定。

路堤填料最小 CBR 及压实度要求　　　　表3.0-1

分类	路面底面以下深度(m)	填料最小 CBR(%)			压实度(%)		
		高速公路、一级公路	二级公路	三级、四级公路	高速公路、一级公路	二级公路	三级、四级公路
上路床	0~0.3	8	6	5	≥96	≥95	≥94
下路床	0.3~0.8	5	4	3	≥96	≥95	≥94
上路堤	0.8~1.5	4	3	3	≥94	≥94	≥93
下路堤	1.5以下	3	2	2	≥93	≥92	≥90

(4)液限大于50%、塑性指数大于26的细粒土,不得直接作为路堤填料。

建筑垃圾强度高、易压实、水稳定性好,且储量巨大、廉价易得,CBR 强度一般超过30%,远大于《公路路基设计规范》(JTG D30—2015)中路基填料技术指标,经过加工处理及合理的级配设计后,是良好的路基填料。同时,路基填筑能大规模地消耗建筑垃圾存量,具有显著的经济效益和社会价值。

3.1 路基填料方案设计

结合《公路工程利用建筑垃圾技术规范》(JTG/T 2321—2021)中再生集料颗粒组成,以5~40mm再生粗集料和0~5mm再生细集料划分,制定再生粗集料:再生细集料(以下简写为"粗、细")分别为4:6、5:5、6:4、7:3的再生混合料,其中,再生粗集料5~10mm、10~20mm、20~40mm 3档材料按1:1:1占比,不同配合比级配设计情况见表3.1-1。

不同配合比级配设计情况　　　　表3.1-1

筛孔尺寸(mm)	(各档材料)0~5mm:5~10mm:10~20mm:20~40mm				JTG/T 2321—2021 下限	JTG/T 2321—2021 上限
	粗:细=4:6 6:1.3:1.3:1.3	粗:细=5:5 5:1.7:1.7:1.7	粗:细=6:4 4:2:2:2	粗:细=7:3 3:2.3:2.3:2.3		
31.5	100.0	100.0	100.0	100.0	100	100
26.5	98.2	97.8	97.3	96.9	90	95
19	87.3	84.2	81.0	77.9	72	84
16	82.1	77.6	73.2	68.7	65	79
13.2	78.0	72.5	67.1	61.6	57	72
9.5	73.3	66.6	60.0	53.3	47	62
4.75	56.8	48.8	40.9	33.0	30	40
2.36	44.0	37.0	30.1	23.1	19	28
1.18	36.6	30.5	24.5	18.5	12	20
0.6	23.8	19.9	15.9	12.0	8	14
0.3	14.6	12.2	9.8	7.4	5	10
0.15	8.5	7.1	5.7	4.3	3	7
0.075	6.2	5.2	4.2	3.2	2	5

3.2 建筑垃圾再生料击实试验

目前,我国常用的确定最大干密度和最佳含水率的室内试验方法主要有振动击实及标准击实试验。振动击实通过高频振动作使路基填料颗粒由静止状态进入运动状态,在振动冲击力的作用下,填料颗粒位置出现移动,填料之间的孔隙被不断填充,颗粒重新分布,集料间内部结构被改变,颗粒间相互嵌挤,逐渐形成密实、稳定的结构,从而达到压实效果。在振动密实过程中,主要通过振动作用改变颗粒排列组合达到密实,所以压实后填料级配变化不大。重型击实试验是通过击锤给填料施加一定的冲击荷载,对填料做功,从而使得颗粒变得密实,填料密度增大,强度提高。对于砂砾类等粗集料含量多的填料,夯锤冲击荷载作用下,颗粒发生破碎,级配被改变,同时击碎后粒径较小颗粒重新填充孔隙,结构变得密实。经过大量研究,建筑垃圾在拆除及破碎处理过程中,受到反复冲击荷载作用,再生集料结构受到一定程度损伤;且主要组成成分砖块压碎值高,易破碎,在实际施工过程中,存在二次破碎现象。因此,应对建筑垃圾再生集料二次破碎对施工后级配关系影响予以考虑。考虑到建筑垃圾材料特殊性以及与实际施工过程,室内试验采用标准击实试验,进行建筑垃圾再生集料最大干密度和最佳含水率试验。

3.2.1 试验方案

采用 CDJY-V 电动击实仪进行室内重型击实试验,每个级配再生混合料制备 5 个含水率试样,按 2% 递增。根据文献调研及工程实践经验,建筑垃圾最佳含水率在 9% ~ 15% 之间,因此制定试样设计含水率梯度为 9%、11%、13%、15%、17%。考虑组成成分不均匀性及复杂性,击实前加水充分拌和并焖料 48h,得到不同级配再生混合料的最大干密度和最佳含水率,具体方案见表 3.2-1。

击实试验设计方案 表 3.2-1

序号	粗:细	(各档材料) 0~5mm:5~10mm: 10~20mm:20~40mm	土样天然含水率 (%)	设计含水率 (%)
1	4:6	6:1.3:1.3:1.4	7	9
2				11
3				13
4				15
5				17
6	5:5	5:1.7:1.7:1.6	7	9
7				11
8				13
9				15
10				17

续上表

序号	粗:细	(各档材料) 0~5mm:5~10mm: 10~20mm:20~40mm	土样天然含水率 (%)	设计含水率 (%)
11	6:4	4:2:2:2	7	9
12				11
13				13
14				15
15				17
16	7:3	3:2.3:2.3:2.4	7	9
17				11
18				13
19				15
20				17

3.2.2 试验方法

击实试验的目的就是测定土样在一定击实次数下或某种压实功能下(锤重×落距×锤击次数)的含水率与干密度之间的关系,从而确定路基填料的最大干密度和最佳含水率,为施工控制填土密度提供设计依据。目前我国击实试验主要分为轻型击实试验和重型击实试验,区别是落锤质量、试筒尺寸、落高等设备参数不同,同时通过控制每层击数不同,调整击实功大小。具体主要技术指标见表3.2-2。

我国击实试验方法种类　　　　　　　表3.2-2

试验方法	类别	锤底直径(cm)	锤质量(kg)	落高(cm)	试桶尺寸		试样尺寸		层数	每层击数	击实功(kJ/cm³)	最大粒径(mm)
					内径(cm)	高(cm)	高度(cm)	体积(cm³)				
轻型	Ⅰ-1	5	2.5	30	10	12.7	12.7	997	3	27	598.2	20
	Ⅰ-2	5	2.5	30	15.2	17	12	2177	3	59	598.2	40
重型	Ⅱ-1	5	4.5	45	10	12.7	12.7	997	5	27	2687.0	20
	Ⅱ-2	5	4.5	45	15.2	17	12	2177	3	98	2677.2	40

对0~5mm、5~10mm、10~20mm、20~40mm四档材料按照级配设计方案进行配料,根据计算式 $m_w = m_s(w_1 - w_2)$ 加入需水量(m_w 为增加水量,m_s 为固体颗粒质量),w_1 为

设计含水率，w_2 为再生混合料天然含水率。加水方式为用喷水壶喷水，一边喷洒一边用铲子反复搅拌，如图 3.2-1 所示，搅拌完成后，用保鲜膜密封焖料 48h，确保再生混合料与水充分混合。试样焖料如图 3.2-2 所示。

图 3.2-1　我国击实试验方法种类

图 3.2-2　试样焖料

采用 CDJY-V 电动击实仪进行室内重型击实试验，具体步骤为：

(1)试筒采用内径 15.2cm、高度 17cm 的大试筒，将试筒套环、螺栓拧紧固定，将 2cm 高的垫块放入筒中，在垫块上部放置一片滤纸。

(2)将焖料完成后的再生混合料分成 3 等份，分 3 次加入试筒中；先将 1/3 再生混合料倒入试筒中，用铁棒进行初步振捣，对试样表面初整平，设置击数为 98 次，进行第一层击实。

(3)第一层击实完成后，用刀片等工具将第一层试样表面拉毛，使得层与层中间不形成明显分界面，倒入第二份混合料，重复第一层击实步骤，完成第二层试样击实。

(4)重复步骤(3)，完成试验第三层击实。

(5)试样击实完成后，卸下套环，将试样上表面刮平处理，取出垫块。

(6)脱模取出试样，取试样芯样分成 3 份，放入烘箱中烘干 24h，测得试样实际含水率。

(7)计算试样干密度，绘制含水率-干密度曲线，得到最大干密度与最佳含水率。

每组分别制备 5 个含水率试样，按 2% 递增。考虑组成成分不均匀性及复杂性，击实前应加水充分拌和并焖料 48h，得到不同配比的最大干密度和最佳含水率。

3.2.3　试验结果及分析

对再生粗集料：再生细集料 4:6、5:5、6:4、7:3 的再生混合料进行重型击实试验，剔除不合格数据后,得到不同配比再生混合料最大干密度和最佳含水率曲线,如图 3.2-3 所示。

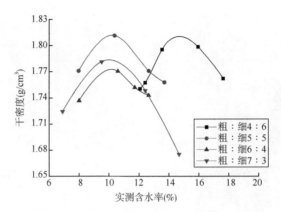

图 3.2-3　不同配比下最大干密度和最佳含水率

由图 3.2-3 可以看出,再生混合料出现峰值干密度,4 种配比最大干密度分别为 $1.81g/cm^3$、$1.82g/cm^3$、$1.78g/cm^3$、$1.77g/cm^3$,最佳含水率分别为 15.05%、10.47%、10.41%、10.13%,发现不同配比再生混合料最大干密度相差不大,在粗:细 = 5:5 时,达到最大值 $1.82g/cm^3$。粗集料逐渐增多,在土体内部形成骨架作用,再生混合料由悬浮结构向骨架密实结构转变,当粗集料含量再继续增加,细集料占比降低,粗集料骨架之间存在孔隙,细颗粒填充不足,试样干密度减小。试样最佳含水率随着粗集料含量增多逐渐降低,由粗:细 = 4:6 向粗:细 = 5:5 转变降幅最大,这是由于 0~5mm 材料天然含水率高于其他 3 档材料,当粗集料含量小于 50% 时,再生混合料含水率主要受细集料天然含水率影响,因此粗:细 = 4:6 组最佳含水率远高于其他 3 组。

当级配的细集料含量增加,粗集料含量降低时,即级配变为粗:细 = 5:5 时,最大干密度开始增大。这表明,级配由骨架-孔隙结构向骨架-密实结构转变,如图 3.2-4a)、b) 所示;随着细集料含量增加,粗集料含量降低,粗集料之间的空隙由于填充的细集料增加而变得越来越小,甚至随着细集料的进一步增加,粗料之间的接触会变得越来越少,粗集料慢慢地被细集料包围,粗集料悬浮于较小颗粒中,开始形成悬浮-密实结构,如图 3.2-4c) 所示。在一定范围内,随着细集料含量的增加或者粗集料含量的减小,最大干密度是呈现一种增大的趋势。这种结构压实效果也还不错,但建筑垃圾填筑路堤细集料含量有一定限制,而且建筑垃圾本身就是粗集料较多,细集料较少,所以悬浮-密实结构一般不会出现在建筑垃圾填筑的路堤中。

对击实后不同配比的再生混合料重新筛分,分析 0~5mm、5~10mm、10~20mm、20~40mm 4 档材料击实前后级配变化规律,如图 3.2-5 所示。

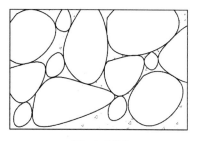

a) 骨架-空隙结构　　　　　　b) 骨架-密实结构

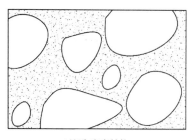

c) 悬浮-密实结构

图 3.2-4　混合料的三种物理状态

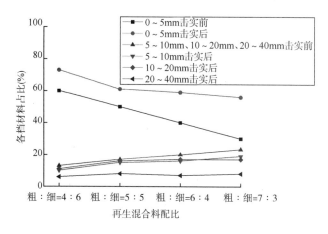

图 3.2-5　击实前后各档材料占比情况

由图 3.2-5 可以看出,击实作用对再生集料破碎效果显著,极大地改变了颗粒粒径重分布,击实后,0~5mm 材料占比相对于击实前明显升高,且随着粗集料含量增大破碎效果进一步提升。从击实前后各档材料占比情况变化来看,其余 3 档材料在击实功作用下均得到一定程度破碎,每档材料击实后主要是到下一级粒径范围,20~40mm 粗集料破碎率最大,5~10mm 次之,10~20mm 破碎率最小,这主要因为颗粒直径大的集料在击实功作用下越容易破碎,同时 10~20mm 针片状颗粒含量远低于其他 2 档材料,粒形更好,破碎率最低。

3.3 CBR 性能试验

CBR 值是评价路基填料路用强度性能的一项重要技术指标,试验所测的承载能力主要是指材料抵抗局部荷载的抗变形能力。CBR 值是以测得抗变形能力与标准碎石的抗变形能力的比值来确定的,它表示了材料相对抗变形能力的大小。为了安全考虑,模拟施工中的最不利工况,在试验时,通常将试样浸入水中 4 昼夜。同时,试样浸水及进行贯入试验时,须将荷载板放在试件顶部,以模拟实际工况中,土样的顶部存在的竖向荷载。CBR 试验由于简单易行,设备简单,可较为准确地评价土体的强度,因而得到了广泛的推广与应用,已成为一套成熟的评价体系。CBR 值不仅体现了路基和路面材料的强度,反映了道路施工质量,而且也已经成为选择填料的重要依据。

3.3.1 试验方案

根据击实试验结果,分别制备 4 种级配再生混合料在最佳含水率下的试样开展 CBR 强度试验。同时为了探究不同组成成分对建筑垃圾混合料路用性能的影响,优选 1 组级配,设置废混凝土块、废砖块、废砂浆不同占比工况,在不同浸水时间下的 CBR 强度试验,具体工况组合见表 3.3-1、表 3.3-2。

不同级配 CBR 承载比试验设计方案　　　　表 3.3-1

序号	粗:细	(各档材料占比) 0~5mm:5~10mm: 10~20mm:20~40mm	最佳含水率(%) (根据击实试验结果调整)	平行试验组	备注
1	4:6	6:1.3:1.3:1.4	10	3	
2	5:5	5:1.7:1.7:1.6	10	3	
3	6:4	4:2:2:2	10	3	
4	7:3	3:2.3:2.3:2.4	10	3	

不同浸水时间下 CBR 承载比试验设计方案　　　　表 3.3-2

序号	粗:细	废混凝土块:废砖块:废砂浆	浸水时间	备注
1		1:0:0	0d、1d、2d、3d、4d、6d、8d、10d	
2	4:6	0:1:0	0d、1d、2d、3d、4d、6d、8d、10d	
3		7:2:1(天然状态)	0d、1d、2d、3d、4d、6d、8d、10d	

3.3.2 试验方法

利用路面材料强度仪开展 CBR 试验,浸泡 4 昼夜测得试样膨胀量后,开展 CBR 强度试验。具体试验步骤为:

(1)在试样制成后,试件顶面放一张好滤纸,并在上安装附有调节杆的多孔板,在多孔板上加 4 块荷载板。

(2)将试筒与多孔板一起放入槽(筒)内,并用拉杆将模具拉紧,安装百分表,并读取初读数。

(3)向水槽(筒)内放水,使水自由进到试件的顶部和底部。在泡水期间,水面应保持在试件顶面以上大约 25mm,试件要泡水 4 昼夜,如图 3.3-1 所示。研究浸水时间对 CBR 强度的影响时,相应浸水时间进行延长,达到设计浸水时间。

(4)泡水终了时,读取试件上百分表的终读数,如图 3.3-2 所示,并用下式计算膨胀量:

$$膨胀量 = \frac{\Delta h}{h} \times 100\% \tag{3.3-1}$$

式中:Δh——试验前后试件变化高度(mm);

h——试件原高度(mm)。

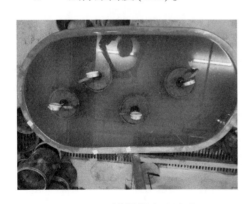
图 3.3-1　试样浸水 4 昼夜

图 3.3-2　试件膨胀量读数

(5)将浸水后的土样放到路面强度试验仪升降台上,调整偏球座,使贯入杆与试样接触,并在试样顶面放上 4 块荷载板,如图 3.3-3 所示。

(6)施加 45N 荷载,调整百分表的指针至零点。

图 3.3-3 利用路面材料强度仪开展 CBR 试验

(7) 加载,使得贯入杆压入试样,保持速度为 1～1.25mm/min,记录测力计内百分表为 20、40、60 等整读数时候的贯入量,并使贯入量为 250×10^{-2}mm 时能有 5 个以上读数,并继续读至 500×10^{-2}mm 以上停止。

《公路土工试验规程》(JTG 3430—2020)将 CBR 值定义为贯入试验的贯入深度为 2.5mm 时,贯入压力与规范标准压力的比值,其计算公式为:

$$\text{CBR} = \frac{P}{7000} \times 100\% \qquad (3.3\text{-}2)$$

式中:CBR——加州承载比(%);
P——贯入压力(kPa)。

除了用贯入 2.5mm 时的压力计算,CBR 还同时需要用贯入杆贯入上表面 5mm 时对应压力来计算:

$$\text{CBR} = \frac{P}{10500} \times 100\% \qquad (3.3\text{-}3)$$

对同一个试样而言,按贯入量 5mm 计算的 CBR 值应该小于按 2.5mm 计算的 CBR 值,若不是,则应重做试验。若重做试验后结果还是如此,CBR 值应取小值,即按贯入量 5mm 计算。

3.3.3　试验结果及分析

(1)不同再生混合料级配试验结果。

对 4 种配比再生混合料按重型击实方法 98 击 ×3 层制备试样,进行不浸水 CBR 试验,每组 3 个平行试样,离散性较大组加做 1 个平行试样,得到贯入量为 2.5mm 时的 $CBR_{2.5}$ 结果见表 3.3-3、图 3.3-4。

不同再生混合料配比下 $CBR_{2.5}$ 试验结果　　表 3.3-3

再生混合料配比	实测含水率(%)	干密度(g/cm³)	$CBR_{2.5}$(%)	$CBR_{2.5}$平均值(%)	变异系数(%)
粗:细 =4:6	16.34	1.78	75.6	72.6	10.5
	15.94	1.80	78.3		
	14.29	1.80	64		

续上表

再生混合料配比	实测含水率（%）	干密度（g/cm³）	$CBR_{2.5}$（%）	$CBR_{2.5}$平均值（%）	变异系数（%）
粗：细=5：5	10.06	1.81	115.4	110.9	14.1
	9.57	1.78	93.45		
	11.00	1.83	123.7		
粗：细=6：4	10.50	1.78	95.9	113.1	13.3
	10.25	1.74	44.2（剔除）		
	8.64	1.74	123.7		
	11.66	1.75	119.7		
粗：细=7：3	10.56	1.75	88.1	76.4	25.3
	9.38	1.78	120.8（剔除）		
	10.57	1.76	54.1		
	10.57	1.74	86.9		

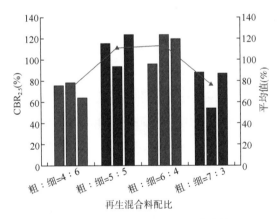

图 3.3-4　不同配比下 $CBR_{2.5}$ 试验结果

由表 3.3-3 及图 3.3-4 可以看出,4 种配比再生混合料 $CBR_{2.5}$ 均满足高速公路路基填料强度要求。整体来看,CBR 强度随着粗集料含量增多先增大后减小,呈抛物线形变化。粗集料含量越大,$CBR_{2.5}$ 结果离散性越大,仅有粗：细=4：6 满足《公路土工试验规程》(JTG 3430—2020)变异系数小于12%的要求。由于贯入杆贯入面积较小,当粗集料含量逐渐增大时,贯入位置颗粒状态、粒径、成分、强度不确定性大大增加,当遇到混凝土块时,贯入强度较高,当贯入位置为细集料或者砖块时,测试结果就偏小,这由建筑垃圾本身成分的复杂性及不均匀性决定。

基于试验结果分析,再生混合料 CBR 强度值远大于规范要求的最小强度要求,考虑到下一步试验的规律可研究性,选用变异系数满足要求的粗∶细 =4∶6 配比开展浸水时间对再生混合料路基填料路用性能影响试验。

(2)不同浸水条件下的 CBR 结果分析。

按粗∶细 =4∶6 再生混合料制备最佳含水率试样,再生粗集料按 100% 废混凝土块(A 组)、100% 废砖块(B 组)和天然原材料状态废混凝土块∶废砖块∶砂浆 =7∶2∶1(C 组)3 种工况考虑,每组工况设置 3 个平行试样,按《公路土工试验规程》(JTG 3430—2020)要求变异系数不超过 12% 控制,超过 12% 时,加做 1 组。由此得到不同浸水时间下,再生混合料的 CBR 试验结果,如图 3.3-5 所示。

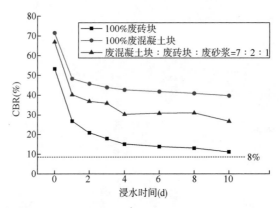

图 3.3-5　不同组成成分随浸水时间 $CBR_{2.5}$ 试验结果

由图 3.3-5 可以看出,试样在未浸水时拥有较高 CBR 值,A 组 71.5% > C 组 66.9% > B 组 53.2%,废砖块含量增加对 CBR 强度降低作用明显。浸水后,含水率增加,试样由最佳含水率状态向饱和状态过渡,CBR 值迅速降低,B 组降低幅度最大,达到 49.6%,这是由于砖块本身强度较低,其吸水率(14.6%)远高于废混凝土吸水率(3.8%),吸水后强度折减效应大。随着浸水时间延长,CBR 值进一步降低,衰减幅度变缓,试样陆续进入饱水状态,A 组试样粗集料全部为废混凝土块,对水分浸入敏感程度低,浸水 2d 后,强度降低幅值小于 5%;C 组在第 4d 后,强度基本保持不变,B 组在浸水 10d 后,强度仍在缓慢降低,水稳定性最差,逐渐逼近路基填料最小强度要求 8%。这是因为在水中长期浸泡后,提供骨架作用的废砖块吸水软化严重,强度持续降低。建议工程实施中,应根据路基填料成分和当地气候等条件,调整路基填料 CBR 强度达到最不利状态的浸水时间;对于建筑垃圾路基填料,重点考虑废砖块含量对路基水稳定性影响,做好长期降雨条件下路基稳定性监测。

基于对数模型拟合,建立再生混合料在浸水时间及组成成分影响下 $CBR_{2.5}$ 强度快速

预测,见式(3.3-4):

$$CBR' = -k_1\ln(t) + k_2 CBR \tag{3.3-4}$$

式中:CBR'——预测值;

t——浸水时间;

k_1——浸水时间影响因子,一般取 $5\sim10$,水敏感性越高,取值越大;

k_2——组成成分影响因子,一般取 $0.65\sim0.75$,废砖块含量比例越高取值越小;

CBR——100%废混凝土块时的 CBR 强度值。

3.4 无侧限抗压强度试验及结果分析

3.4.1 试验方案

根据击实试验结果,分别制备 4 种级配再生混合料在最佳含水率下的试样开展无侧限抗压强度试验。同时为了探究不同组成成分对建筑垃圾混合料无侧限抗压强度性能的影响,优选 1 组级配,设置废混凝土块、废砖块、废砂浆不同占比工况,在不同浸水时间下的 CBR 强度试验,具体工况组合见表3.4-1。

不同级配无侧限抗压强度试验设计方案　　表 3.4-1

序号	粗:细占比	(各档材料占比) 0~5mm:5~10mm: 10~20mm:20~40mm	最佳含水率(%) (根据击实试验结果调整)	平行试验组	备注
1	4:6	6:1.3:1.3:1.4	10	3	
2	5:5	5:1.7:1.7:1.6	10	3	
3	6:4	4:2:2:2	10	3	
4	7:3	3:2.3:2.3:2.4	10	3	

3.4.2 试验方法

利用压力试验机开展无侧限抗压强度试验,具体试验步骤如下:

(1)将制备好的试样脱模称量后立即放入密封的恒温恒湿养生箱中进行养生,用塑料薄膜进行密封,脱模好的试样如图 3.4-1 所示。

图 3.4-1 脱模好的试样

(2)养生时间取 7d 无侧限抗压强度,养生期间温度保持在 $(20±3)℃$。
(3)养生期最后 1d,将试件再次称量,观察试样质量损失,超过规定值的,作废处理。
(4)将试件中心与升降台的中心对准,进行抗压试验,记录试验破坏时的最大压力。

3.4.3 试验结果及分析

对 4 种配比再生混合料按照重型击实方法 98 击 ×3 层制备试样,按标准养生条件养生,得到无侧限抗压强度试验结果,如图 3.4-2 所示。以粗:细 =4:6、再生粗集料天然状态配比为例,得到再生混合料无侧限抗压强度随浸水时间变化规律,如图 3.4-3 所示。

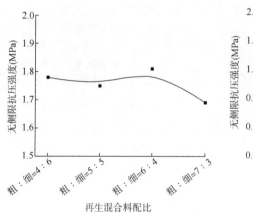

图 3.4-2 不同配比下无侧限抗压强度　　图 3.4-3 不同浸水时间无侧限抗压强度
(粗:细 =4:6)

由图 3.4-2、图 3.4-3 可以看出,无侧限抗压强度随着粗集料含量增长并无明显变化,4 种再生混合料配比下试样强度值并不高,粗:细 =7:3 组略低于其他 3 组。试验过程中发现,该组再生混合料成型较困难,主要是因为细集料含量少,颗粒黏结性差,颗粒之间未形成有效嵌合,抵抗外荷载能力差。随着浸水时间延长,无侧限抗压强度逐渐减小,试验过程中发现,浸水2~3d后开始有试样陆续在水中破碎分解或者浸水结束后取出时破裂导致试验终止,在浸水6d时,试样全部破碎。这是因为无侧限抗压强度反映的是试样在无侧向压力作用下抵抗轴向荷载的能力,在长时间浸水作用下,建筑垃圾再生混合料的胶结性变差,试样逐渐破碎。与CBR强度试验相比,反映试样整体结构强度,由于无试筒侧向压力限制,在长期浸水条件下,试样细颗粒流失严重,密实程度大幅降低,试样结构逐步破坏,变得松散,强度丧失。

3.5 耐久性试验

公路路基填料耐久性评价是路基长期服役性能的重要评判标准,在雨季干湿交替以及冬季寒冷地区,公路路基都面临干湿循环与冻融循环问题,在水分及温度持续反复影响作用下,路基是否依然能保持良好的路用性能,对路基使用的安全性及舒适性具有重要意义,同时直接影响着路基使用寿命。

含水率常常随着季节降雨而不断变化,而路基土在这个干湿不断循环的过程中,其力学性质也在不断退化。在雨季,雨水渗入路堤,使路堤土体强度降低,同时水流还产生了渗流力,在渗流力的作用下路堤土体中细颗粒被冲出、带走或局部土体移动,导致土体的变形。两者共同的作用下导致路堤稳定性降低,产生不均匀沉降破坏、滑坡等路基灾害。在旱季,虽然路基土体在干燥情况下强度得以加强,但就是因为这不断地干湿循环导致土体内的裂隙不断产生、发育,引起路堤强度降低、变形增大,最终导致路堤的失稳破坏。冬季,气温降低,土在冻结时,土向冻结封面迁移,形成冰层,造成路基填料发生冻胀,使得路基隆起;温度升高后,冰层融化,含水率增大,路基发生融沉;如此反复循环,使得路基发生破坏。

建筑垃圾成分复杂,其中重要组成成分砖块受水分影响变化大,吸水率高;破碎处理后的建筑垃圾粗集料占比大,若级配不好,颗粒间孔隙大,在反复冻胀影响作用下,水分上升通道"顺畅",路基填料抗冻性变差。因此,研究建筑垃圾再生材料不同级配试样在干湿循环、冻融循环以及循环荷载条件下的强度特性及力学特性的变化情况,以期为工程提供合适的施工方法和方案。

3.5.1　试验方案

制备粗:细=4:6再生混合料在最佳含水率下的试样,开展干湿循环、冻融循环及循环加载试验。同时为了探究不同组成成分对建筑垃圾路基填料长期耐久性的影响,优选1组级配,设置废混凝土块、废砖块、废砂浆不同占比工况,开展干湿循环、冻融循环及循环加载试验,具体工况组合见表3.5-1。

再生混合料试验设计方案　　　　　　表3.5-1

粗:细占比	最佳含水率(%)	干湿循环试验次数	冻融循环试验次数	备注
4:6	10	0、3、6、9、12	0、3、6、9、12	

3.5.2　试验方法

(1)干湿循环试验。

干湿循环试验先将试样烘干至干状态,利用烘箱将试样烘干至恒重;然后开始干湿循环,增湿过程通过完全浸水,使得试样充分饱和。经过文献调研,增湿浸水过程至少要保证12h,因此超过12h后,每间隔2h左右,对试样称重,当两次质量增加不超过0.2%时,认为试样接近饱和;试样干燥过程利用烘箱烘干,采用同样的方法,当试样质量不再发生变化时,认定完成了一次干燥过程。经过试验测试,确定试样浸水饱和时间为24h,在(100±2)℃条件下烘干时间为12h。循环次数为设置为0、3、6、9、12。试验饱和与干燥过程如图3.5-1、图3.5-2所示。

图3.5-1　试样饱和过程

图3.5-2　试样干燥过程

为保证试样顶面与底面充分浸水,同时确保试样颗粒不致流失,在试样上下表面先放置一层15cm的透水滤纸,然后放置透水板,使水分可以从试样表面和下部浸入试样,使其充分饱和。

(2)冻融循环试验。

冻融循环试验冻胀过程通过冰柜实现,最低温度达到-16℃,试样融沉过程通过恒温恒湿箱养生,温度60℃。为确保试验过程中水分不流失,用塑料袋进行包裹处理。经过试验测试,确定试样冻胀时间为8h,浸水时间24h。循环次数为设置为0、3、6、9、12。试验冻胀过程如图3.5-3所示。

(3)循环荷载试验。

本试验在确定循环荷载大小时考虑了路基填方高度及行车荷载(2m填方荷载接近40kPa,家用小汽车荷载大于100kPa),大概计算了现场路基基底承受的压力,确定了试样每次循环加载至200kPa。

图3.5-3 试样冻胀过程

本试验是利用路面材料强度仪进行加卸载循环试验,循环加卸载试验与试样接触的是ϕ15cm圆铁板。在进行加卸载循环时,加载到200kPa后保持一段时间,等到变形稳定后再进行卸载,卸载到0后也要保持一段时间直至变形稳定,这个过程就是一个完整的加卸载过程。重复加载5次。试验过程如图3.5-4所示。

本次试验的试样制样后进行干湿循环时采用ϕ15cm的定性滤纸贴在试样两端,并用ϕ15cm的多孔板放在顶底板保护定性滤纸,避免掉落。采用防渗处理方式后可以减缓细颗粒的流失,一定程度上减小试样变形,增强水稳定性,达到改良目的。

图3.5-4 循环加卸载试验

3.5.3 干湿循环试验结果分析

以粗:细=4:6开展干湿循环试验,按照重型击实方法98击×3层制备试样,按设计试验方案使试样在干燥-饱和状态反复循环,每个干湿循环次数工况下设置3个平行试样,得到试样质量随干湿循环次数变化规律,如图3.5-5所示。

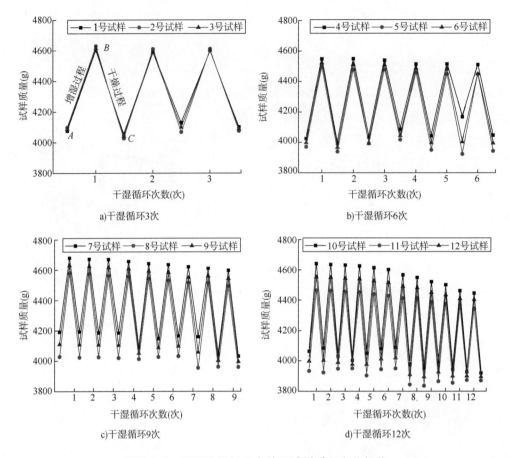

图3.5-5 不同干湿循环次数下试样质量变化规律

如图3.5-5a)中所示,由A点向B点为试样增湿过程,由B点向C点为试样干燥过程,完成一次干湿循环;之后依次类推,在每完成一次增湿、干燥过程后称取试样质量,在试样完成3次、6次、9次、12次干湿循环后测得试样CBR值。

由图3.5-5可以看出,随着干湿循环次数增加,试样吸水量与失水量逐渐平衡。试样增湿后质量,在一开始变化不太明显,在超过5~6次干湿循环后,试样增湿后质量下降明显,说明经过反复的干湿循环,试样表面及内部的细小颗粒被逐渐带出,孔隙越来越多、越来越大。试样原本被击实的骨架结构被逐渐破坏,颗粒之间的嵌合状态被打破,细小颗粒逐渐流出,首先表现为从试样与试筒接触的一圈边缘开始(图3.5-6a),从试样表层边缘向试样中部,紧接着试样表面一层的细颗粒均开始流失(图3.5-6d),在试样干湿循环8~9次之后,试样表面坑洼严重,粗集料露出,局部不平整,此时已不再适合做贯入试验。

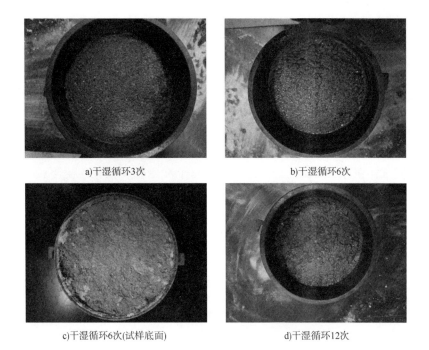

a) 干湿循环3次　　　　　　　　b) 干湿循环6次

c) 干湿循环6次(试样底面)　　　d) 干湿循环12次

图 3.5-6　不同干湿循环次数下试样状态变化

试样完成 3 次、6 次、9 次、12 次干湿循环后测得试样 CBR 值，如图 3.5-7 所示，其中试样干湿循环 12 次之后，试样表面坑洼，粗集料裸露，试样表层局部贯入强度为 0。

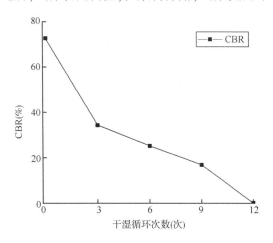

图 3.5-7　不同干湿循环次数 CBR 强度值

由图 3.5-7 可以看出，未经干湿循环作用的试样 CBR 值为 72.6%，能够满足公路工程中的使用要求。经过干湿循环后，试样 CBR 骤降，为 34.3%，降幅达 52.8%。同时随着干湿循环次数进一步增加，CBR 强度值持续下降，在第 9 次干湿循环时，CBR 强度值为 16.8%，此时虽然试样表面遭到了局部破坏，但试样集料强度仍能够抵抗一定的局部荷载,超过9次之后,试样表面受损严重,局部出现掉块,贯入强度不具有参考性,所以CBR值为0。

3.5.4 冻融循环试验结果分析

以粗:细=4:6开展冻融循环试验,按照重型击实方法98击×3层制备试样,按设计试验方案使试样在冻胀-融沉状态反复循环,每个冻融循环次数工况下设置3个平行试样,得到试样质量随冻融循环次数变化规律如图3.5-8所示。

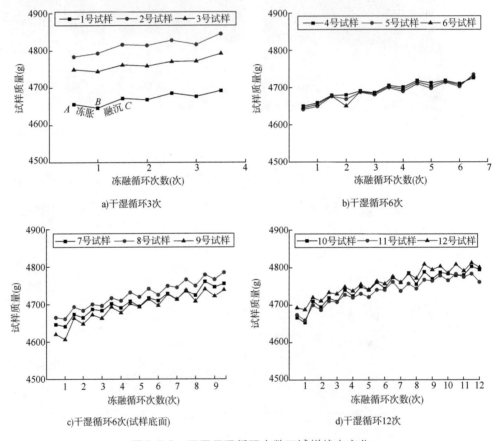

图 3.5-8 不同干湿循环次数下试样状态变化

如图3.5-8a)所示,由 A 点向 B 点为试样冻胀过程,由 B 点向 C 点为试样融沉过程,完成一次冻融循环;之后依次类推,在每完成一次冻胀、融沉过程后称取试样质量,在试样完成3次、6次、9次、12次冻融循环后测得试样CBR强度值。

由图3.5-8可以看出,试样在冻胀过程质量减少,融沉过程质量又增加,且质量增加大于冻胀过程质量减少量,这是由于当温度降低,建筑垃圾再生混合料中水分冻结成冰,密度小于水的密度，试样质量在冻胀过程降低，温度升高后，冰融化，质量升高。整体来看，随着冻融循环次数增加，试样质量呈逐渐增长趋势，推测是试样恒温恒湿箱中湿度较高，试样吸收了养生环境中的水分，在融沉过程中有小幅度的"吸湿"现象，造成试样每次在融沉过程中质量略有增加。

与干湿循环过程相比，试样受冻融损伤更严重，也更具有突发性特点。在反复冻融条件下，试样表层被直接"冻碎"。干湿循环在反复浸水-烘干的过程中，试样从细颗粒开始流失，再到破坏，较为缓慢，而试样冻融过程在某一次循环结束后，则表现为突然性表层块体状破坏，如图3.5-9所示。多次的冻融循环不仅破坏了颗粒间的相互作用力，冻融引起的水分迁移还造成了含水率不均匀，削弱了改良土颗粒间吸收弹性能的能力，表现出外界输入能量转化为塑性变形等不可恢复的部分增多。

试样完成3次、6次、9次、12次冻融循环后测得试样CBR值，如图3.5-10所示，其中试样冻融循环9次之后，平行试样中开始出现试样被冻坏现象，因此试样表层局部贯入强度为0。

图3.5-9　冻融循环条件下试样表层直接块状破坏

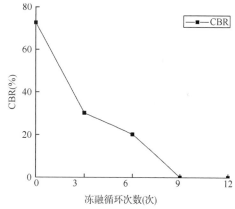
图3.5-10　不同干湿循环次数CBR强度值

由图3.5-10可以看出，试样CBR值均有所减小，因为在冻结过程中，土颗粒表面结合水膜发生膨胀，使得土颗粒间的距离加大，降低土颗粒间的作用力，黏聚力减小，因此CBR值减小。土体经3次冻融作用后其CBR强度的衰减幅度较大，经过9次冻融循环后，丧失CBR强度值。

3.5.5　循环荷载试验结果分析

车辆荷载是影响路基使用年限最主要的原因之一，在路面负荷的持续反复影响下，出现车辙、裂纹等早期损伤现象,使用性能和寿命都大打折扣。建筑垃圾再生材料用于路基填筑时,前期集料破碎、筛分处理及运往现场后碾压处理过程均会造成集料二次破碎,在路基投入使用前,集料内部及表面已形成大量的微细裂纹,当受到荷载以后,尤其是在道路车辆反复荷载后,集料裂隙的发展及扩张将影响道路结构强度及稳定性。本节针对建筑垃圾再生材料在循环荷载下的应力应变特性展开分析,以探究建筑垃圾路基填料在循环动载条件下的应力应变发展情况,为实际工程建设提供数据参考。

(1) 循环加载曲线。

以粗∶细 =4∶6 为例,探究在干湿循环条件下循环加载对建筑垃圾再生混合料的影响,按照重型击实方法98击×3层制备试样,按设计试验方案使试样在干湿循环状态施加循环荷载,同时对比防渗处理前后对试验结果的影响,得到循环加卸载曲线如图3.5-11、图3.5-12所示。经过干湿循环试验结果,试样在达到干湿循环12次的时候就已发生崩解、掉块,因此在实际循环荷载试验中,将干湿循环次数设置为0次、3次、6次、9次。

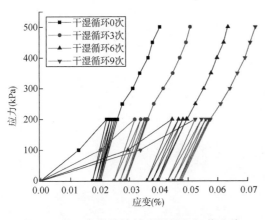

图 3.5-11　未做防渗处理循环加卸载曲线　　图 3.5-12　防渗处理后循环加卸载曲线

建筑垃圾再生混合料在0次、3次、6次、9次干湿循环条件下表现出不同应力应变差异,反映了其不同次数干湿循环条件下力学性能的改变。由图3.5-11、图3.5-12可以看出,无论是否做防渗处理,试样在0次干湿循环条件下,相同应力下其产生的应变是最小的;随着干湿循环次数的增加,相同应力下其产生的应变是逐渐增大的。试样在某一特定循环次数下,随着循环荷载次数增加,应变也逐渐增大,但应变增加幅度有所减弱,而后逐渐趋于稳定。由此可知,随着干湿循环次数的增加,建筑垃圾再生材料的力学性能逐渐下降,受此影响建筑垃圾再生材料填筑的路基稳定性也会降低,产生不均匀沉降等各种路基灾害。

（2）累计塑性应变分析。

试样在进行干湿循环条件下的循环加卸载试验之后,产生了累计塑性应变,由于试样干湿循环次数的不同,所以试样产生的累计塑性应变也有所不同,见表3.5-2。干湿循环次数对累计塑性应变的影响如图3.5-13所示。

干湿循环条件下累计塑性应变　　　　　　　　　表3.5-2

级配	累计塑性应变(%)			
	0次干湿循环	3次干湿循环	6次干湿循环	9次干湿循环
未防渗	0.0197	0.0288	0.0397	0.0470
防渗处理后	0.0192	0.0250	0.0335	0.0368

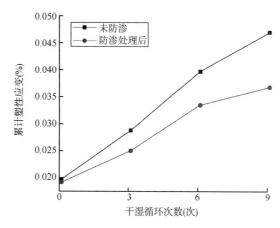

图3.5-13　干湿循环次数对累计塑性应变的影响

从表3.5-2中还可看出,试样累计塑性应变增长量随干湿循环次数也是不一样的,0~3次干湿循环累计塑性应变增长量为0.0091%,3~6次干湿循环累计塑性应变增长量为0.0109%,6~9次干湿循环累计塑性应变增长量为0.0073%。防渗处理后,累计塑性应变的增加量的减小率分别为41.8%、31.0%、35.0%,详细数据见表3.5-3。

干湿循环条件下累计塑性应变的增加量　　　　　　表3.5-3

级配	累计塑性应变增加量(%)			
	0次干湿循环	20次干湿循环	40次干湿循环	60次干湿循环
未防渗	0	0.0091	0.0109	0.0073
防渗处理后	0	0.0053	0.0138	0.0171

由表3.5-3可以看出,经过防渗处理改良后,相同干湿循环次数条件下,防渗处理后的试样累计塑性应变均小于未进行防渗处理试样的累计塑性应变,起到一定的改良效果。通过防渗处理减小累计塑性应变的增加量效果明显,可以考虑将防渗处理作为改良

路基水稳定性的一种措施。

从图3.5-14~图3.5-16中可以明显看出,干湿循环次数对防渗处理前、后试样的累计塑性应变均有较大的影响,且防渗处理对减小累计塑性应变有一定的效果,起到了一定的改良的效果。防渗处理后试样累计塑性应变随着干湿循环次数的增加而增加,这与未进行防渗处理的试样表现出相似的规律。累计塑性应变增加,建筑垃圾再生材料的力学性能逐渐下降,其原因主要是:①建筑垃圾再生材料在长时间浸水条件下其强度会逐渐降低,导致相同应力作用下应变增大;②在干湿循环过程中,水分不断地填充建筑垃圾再生材料试样内部颗粒间的孔隙,并将试样内部细小颗粒不断地带走,最终造成试样内部的孔隙不断地增大和数量的增加。

图3.5-14 浸水细粒料流失

图3.5-15 孔隙增大及数量增加

a)干湿循环3次

b)干湿循环6次

图 3.5-16

c) 干湿循环9次

图 3.5-16 不同干湿循环次数下试样底面规律

3.6 本章小结

本章主要是对建筑垃圾在路基工程应用以及干湿、冻融循环及循环荷载等长期耐久性开展试验研究，通过控制再生粗/细集料级配组成、浸水时间等手段，对再生混合料开展击实试验、承载比CBR值、无侧限抗压强度等技术指标进行测试，得出以下主要结论。

(1)对建筑垃圾再生粗∶细分别为4∶6、5∶5、6∶4、7∶3的再生混合料进行重型击实试验，得到试样在粗∶细=4∶6时具有良好的骨架-密实结构，最大干密度为1.81g/cm³，最佳含水率为15.05%。

(2)通过CBR承载比试验得到，4种再生混合料级配的CBR最小值都大于70%，满足公路路基填料CBR值强度要求。粗∶细=4∶6结构致密性最好，CBR值最高达到113.1%。

(3)通过无侧限抗压强度试验，得到4种再生混合料配比下试样强度值并不高，粗∶细=7∶3组略低于其他3组。再生粗集料主要提供骨架性能，再生细集料填满骨架孔隙，提供黏结性，两种集料相互嵌合，提供无侧限抗压强度。分析不同浸水时间下无侧限抗压强度试验结果，在长时间浸水作用下，建筑垃圾再生混合料的胶结性变差，试样逐渐破碎。与CBR强度试验相比，无侧限抗压强度值反映试样整体结构强度，由于无试筒侧向压力限制，在长期浸水条件下，试样细颗粒流失严重，密实程度大幅降低，试样结构逐步破坏,变得松散,强度丧失。

(4)以粗:细=4:6为例,对建筑垃圾再生混合料开展耐久性试验,干湿循环、冻融循环作用对试样强度折减较大,由0次向1次循环时,强度折减最显著,随着循环次数增加,强度降低越明显,超过5~6次后,逐渐趋于稳定。

(5)对干湿循环条件下防渗处理后建筑垃圾再生材料的水稳定性和改良效果进行研究,干湿循环次数对试样的累计塑性应变有较大的影响,累计塑性应变随着干湿循环次数的增加而增大,建筑垃圾再生材料的水稳定性逐渐下降。随着干湿循环次数的增多,试样的细颗粒流失逐渐增多,试样破坏也越来越严重。此外,级配中细颗粒含量较大时,受干湿循环次数影响更大,试样中集料流失速度较快,试样破坏更为严重。采用防渗处理后可以有效避免或减少细颗粒的流失,累计塑性应变降低,水稳定性能得到提升。

第4章 建筑垃圾再生混凝土应用研究

本章主要介绍了4种建筑垃圾再生混凝土综合利用技术,分别利用3批建筑拆除废混凝土再生集料制备具有透水功能的人行道铺砖、挡土墙混凝土、人字形骨架护坡砌块、桥台等承重构件。此外,还介绍了建筑垃圾再生混凝土综合利用技术所需要的原材料、试验方案及试验方法,根据每种技术的实际情况,分别测试各项性能指标,如抗压强度、吸水率、抗渗性等。

4.1 试验材料

4.1.1 水泥

采用普通硅酸盐水泥作为本研究中的胶凝材料,水泥强度等级为42.5,测试水泥的化学成分、凝结时间、28d抗压强度、比表面积等性能。采用的相关的规范有《水泥标准稠度用水量、凝结时间、安定性检验方法》(GB/T 1346—2011)、《水泥比表面积测定方法 勃氏法》(GB/T 8074—2008)、《水泥密度测定方法》(GB/T 208—2014)、《水泥胶砂强度试验》(GB/T 17671—1999)等。普通硅酸盐水泥矿物熟料组分见表4.1-1,化学成分见表4.1-2,性能指标见表4.1-3。

普通硅酸盐水泥矿物熟料组分　　　　表4.1-1

化学成分	C_3S	C_2S	C_3A	C_4AF	C_4A_3S	其他
质量百分比(%)	53.30	20.70	7.33	10.85	5.15	2.67

普通硅酸盐水泥化学成分　　　　　　表4.1-2

化学成分	SiO$_2$	Al$_2$O$_3$	Fe$_2$O$_3$	MgO	CaO	Na$_2$O	K$_2$O	SO$_3$	其他
质量百分比(%)	24.78	4.26	3.88	3.06	60.44	0.32	0.35	2.27	0.64

普通硅酸盐水泥性能指标　　　　　　表4.1-3

指标	比表面积(m^2/kg)	烧失量(%)	凝结时间(min)		抗折强度(MPa)		抗压强度(MPa)	
			初凝	终凝	3d	28d	3d	28d
数值	363	1.04	135	180	5.9	8.1	27.2	44

4.1.2 再生粗集料

(1)用于人行道路面砖基层的再生砖混集料。

再生路面砖中使用的再生集料为来自福建省福州市某环保建材厂生产的粒径范围为5~10mm的再生砖混集料,红砖含量较高(约70%,图4.1-1)。再生砖混集料仅用于人行道铺砖的基层。

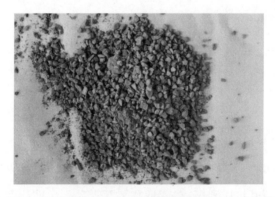

图4.1-1　已购置的用于人行道铺砖基层的再生砖混集料

该批再生砖混集料的性能测试结果见表4.1-4、表4.1-5。

再生砖混集料性能测试结果　　　　　　表4.1-4

压碎指标(%)	吸水率(%)	表观密度(kg/m^3)	泥粉含量(%)	泥块含量(%)
23.1	8.44	2300	13.16	2.53

用于人行道铺砖基层的5~10mm再生砖混集料颗粒级配　　　　　　表4.1-5

粒径(mm)	16	9.5	4.75	2.36	<2.36
分计筛余(%)	1.0	2.7	83.4	7.5	5.4
累计筛余(%)	1.0	3.7	87.1	94.6	100

根据《再生骨料应用技术规程》(JGJ/T 240—2011),制备砌块和砖的再生粗集料,微粉含量需小于5.0%,泥块含量应小于1.0%。显然购入的再生粗集料不符合要求。因此在使用前,采用细孔筛对集料进行过筛处理,将大部分细粉筛掉。与此同时,在设计成型工艺时,对再生砖混粗集料进行预湿吸水处理,处理为饱和面干状态,在这一过程中,集料中的泥块可被大部分去除。

(2)用于挡土墙混凝土及护坡砌块的废混凝土再生集料。

用于挡土墙混凝土及护坡砌块的再生集料为来自广东省东莞市的废混凝土再生集料,分别经过格栅式筛分机、双筛网筛分机(5/25mm筛)、筛网筛分机(10/20mm筛)筛分后,最终筛分得到5~10mm、10~20mm、20~25mm的集料,后按照1:2:2的比例混合,其性能测试结果见表4.1-6、表4.1-7。

废混凝土再生集料性能测试结果　　　　　　表4.1-6

指标	压碎指标(%)	吸水率(%)	表观密度(kg/m³)	微粉含量(%)	泥块含量(%)
数值	14.8	4.17	2510	1.00	2.54

废混凝土再生集料颗粒级配　　　　　　表4.1-7

公称粒级(mm)	方孔筛(mm)					
	2.36	4.75	9.5	16	19	26.5
质量(g)	74.0	1332.2	1073.5	1332.0	3589.5	0
分计筛余百分率(%)	1.0	18.0	14.5	18.0	48.5	0.0
累计筛余百分率(%)	100.0	99.0	81.0	66.5	48.5	0.0

由表4.1-6、表4.1-7可知,再生粗集料符合规范《建设用卵石、碎石》(GB/T 14685—2011)的要求,其级配曲线如图4.1-2所示。

再生集料附着老砂浆、粉尘少,但泥块含量多。经性能测试符合《混凝土用再生粗骨料》(GB/T 25177—2010)中Ⅱ类集料的标准,其中吸水率与压碎指标符合Ⅰ类、表观密度与微粉含量符合Ⅱ类再生粗集料技术要求。但集料中泥块含量较多,故泥块含量不符合《混凝土用再生粗骨料》(GB/T 25177—2010)要求。

以公路行业标准作为依据,则该批次

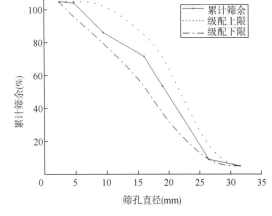

图4.1-2　再生粗集料级配曲线

再生粗集料性能符合《公路工程利用建筑垃圾技术规范》(JTG/T 2321—2021)中Ⅰ类建筑垃圾再生粗集料技术要求,其中表观密度、压碎指标、吸水率、微粉含量符合Ⅰ类A级技术要求,但泥块含量不符合Ⅰ级A类要求。但是,根据项目组之前的再生混凝土配制经验,在进行再生混凝土配制时,为避免再生集料吸水引起新拌混凝土和易性不良,通常会将再生集料进行预湿处理使其达到饱和面干状态,这一操作会除掉大部泥块,因此再生集料中含有的泥块对其性能的影响可在很大程度上削弱,可以认为所用再生粗集料基本满足公路工程标准中的Ⅰ类A级再生集料的要求。

根据《公路工程利用建筑垃圾技术规范》(JTG/T 2321—2021),Ⅰ类A级再生集料可用于C40以下强度等级混凝土的配制,因此,该批次再生粗集料可以用于C25及C30挡土墙再生混凝土的配制,也可用于人字形骨架护坡砌块的制备(强度等级C25)。

(3)用于桥台等承重构件的废混凝土再生集料。

再生集料混凝土制备桥台等承重构件时,对再生集料的品质要求较高。该试验中,用于沿线桥台等承重构件的再生混凝土集料是来自广东新塘立交桥梁拆除的混凝土,拆除的混凝土分别经过格栅式筛分机、颚式破碎机、磁选机、双筛网筛分机(5/25mm筛)、颚式破碎机进行二次破碎、双筛网筛分机(10/20mm筛),最终筛分得到5~10mm、10~20mm、20~25mm的集料,后按照1:2:2的比例混合。废混凝土再生集料性能测试结果见表4.1-8、表4.1-9。

废混凝土再生集料性能测试结果 表4.1-8

指标	压碎指标(%)	吸水率(%)	表观密度(kg/m³)
数值	11.1	3.68	2647

废混凝土再生集料颗粒级配 表4.1-9

公称粒级 (mm)	方孔筛(mm)					
	2.36	4.75	9.5	16	19	26.5
质量(g)	266.5	1070.2	2739.3	1114.5	2213.5	0
分计筛余百分率(%)	3.6	14.5	37.0	15.1	29.9	0.0
累计筛余百分率(%)	100.0	96.4	81.9	44.9	29.9	0.0

由表4.1-8、表4.1-9可知,废混凝土再生集料符合规范《建设用卵石、碎石》(GB/T 14685—2011)的要求,其级配曲线如图4.1-3所示。

该批次再生集料附着老砂浆、粉尘少,经性能测试符合《混凝土用再生粗骨料》(GB/T 25177—2010)中Ⅱ类集料的标准,符合《公路工程利用建筑垃圾技术规范》(JTG/T 2321—2021)中Ⅰ类建筑垃圾再生粗集料技术要求,性能较好。

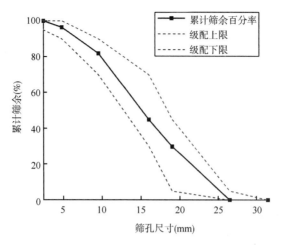

图 4.1-3　废混凝土再生粗集料级配曲线

4.1.3　人行道路面砖面层的其他材料

为保证人行道路面砖面层的耐磨性,面层不采用再生集料,而选择天然河砂或海砂配制。根据前期调研,面层的集料粒径以 0～5mm 为宜。从福州另一工厂购置天然河砂(细砂,20～40 目,图 4.1-4),细度模数为 2.96。

图 4.1-4　人行道铺砖面层的天然砂

此外,人行道铺砖对透水性能要求较高,因此理论上面层的水泥用量不宜过多,然而面层尚需保证其良好的耐磨性,对水泥用量要求又较高。为解决这一矛盾,即在保证面层耐磨性较好的前提下保证砖的透水性,在配制人行道铺砖的面层砂浆时,适当加入外加剂,起到减水、降低水泥用量的作用。所用的外加剂为开思新材料有限公司生产的 KSZ-4 型专用增强剂,其用量约为面层天然砂用量的 2%。

4.1.4 挡土墙及护坡砌块再生混凝土的其他材料

在配制挡土墙、护坡砌块及U形排水沟预制件时，考虑到河砂成本高及市面上供应的河砂往往偏细，因此采用机制砂作为细集料。机制砂经性能测试，符合《建设用砂》（GB/T 14684—2011）中机制砂中砂要求，其性能测试如下。

（1）颗粒级配。

机制砂颗粒级配见表4.1-10。

机制砂颗粒级配　　　　　　　　　　　　表4.1-10

公称粒级(mm)	方孔筛(mm)						
	<0.15	0.15	0.3	0.6	1.18	2.36	4.75
第一组质量(g)	49.9	55.9	95.4	129.7	123.2	44.4	1.2
第一组累计筛余百分率(%)	100	90	79	60	34	9	0
第二组质量(g)	51.1	55	94.7	122	123.7	46.8	0.7
第二组累计筛余百分率(%)	100	90	79	59	35	10	0
平均累计筛余百分率平均(%)	100	90	79	59.5	34.5	9.5	0

机制砂颗粒级配曲线如图4.1-5所示，符合规范《建设用砂》（GB/T 14684—2011）的要求。

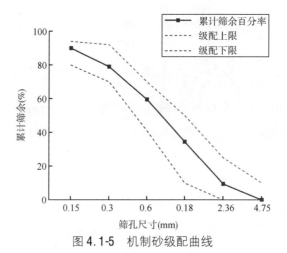

图4.1-5　机制砂级配曲线

（2）细度模数。经测试，细度模数M_x为2.7，属于中砂。

所用的减水剂为科之杰公司所售的聚羧酸高效减水剂（型号 KZJ），其固体组分含量为40%,减水率不低于25%。

4.1.5 桥台承重构件的硅藻土

在配制桥台等承重构件所用的再生集料混凝土时,采用两种硅藻土,即煅烧磨细硅藻土(CDE,325目)和废弃助滤硅藻土(SDE),分别掺入再生集料混凝土中取代10%水泥,对再生混凝土的力学和耐久性能进行提升。

采用X射线粉末衍射(X-ray Diffraction,XRD)技术分析煅烧磨细硅藻土(CDE)矿物组分分析,如图4.1-6所示。

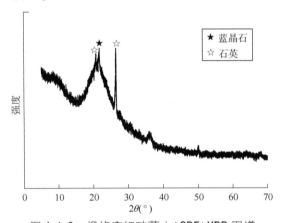

图4.1-6 煅烧磨细硅藻土(CDE)XRD图谱

注:2θ代表X射线与晶体表面之间的夹角,后同。

由XRD图可知,煅烧磨细硅藻土中主要矿物组分也为无定形二氧化硅,且杂质少,无定形二氧化硅的含量更大。

煅烧磨细硅藻土(CDE)化学组分分析结果见表4.1-11。

煅烧磨细硅藻土(CDE)化学组分　　　　表4.1-11

化学成分	SiO_2	Al_2O_3	Fe_2O_3	CaO	MgO	CO_2	其他
质量百分比(%)	92.90	2.52	2.13	0.39	0.21	0.53	1.32

废弃助滤硅藻土化学组分分析见表4.1-12。

废弃助滤硅藻土(SDE)化学组分分析　　　　表4.1-12

化学成分	SiO_2	Al_2O_3	Na_2O	Fe_2O_3	K_2O	P_2O_5	其他
质量百分比(%)	91.08	2.87	1.85	1.60	0.78	0.52	1.29

煅烧磨细硅藻土(CDE)粒径分布分析如图4.1-7所示。

废弃助滤硅藻土(SDE)矿物组分分析如图4.1-8所示。

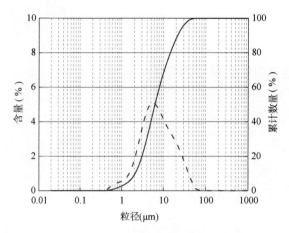

图 4.1-7　煅烧磨细硅藻土粒径分布图

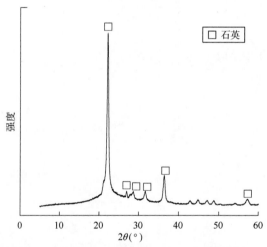

图 4.1-8　废弃助滤硅藻土(SDE)XRD 图谱

废弃助滤硅藻土矿物(SDE)粒径分布图如图 4.1-9 所示。

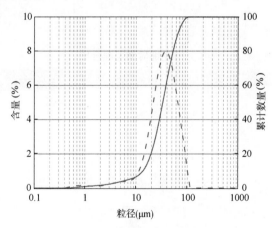

图 4.1-9　废弃助滤硅藻土矿物(SDE)粒径分布图

两种硅藻土中,SiO_2 含量均占 80% 以上,且均主要为无定形的二氧化硅,因此理论上均具有较高火山灰活性。两种硅藻土粒径均较小,在替代水泥后,有望优化粉料级配,在一定程度上可填充较大的孔隙,发挥填料效应。

4.2 再生人行道路面砖制备技术

4.2.1 试验方案

本节拟采用再生砖混粗集料制备具有透水功能的人行道铺砖。本节研究所使用的原材料为前述水泥、来自福建省福州市某环保建材厂生产的再生砖混集料、天然砂、外加剂,通过配合比优化设计及制备工艺设计,制备人行道铺砖,并测试抗压强度、磨坑长度、吸水率、抗冻性强度损失、透水性。人行道铺砖的性能指标要求为:抗压强度达到 C30、磨坑长度≤35mm、吸水率≤8%、抗冻性强度损失≤20%、透水性≥1.0×10^{-2} cm/s,透水性指标可根据实际情况酌情调整要求。

(1)配合比设计。

经反复试配,综合考虑人行道铺砖对强度、透水性、耐磨性等的要求,确定再生砖混集料人行道铺砖的基层和面层配合比,见表 4.2-1、表 4.2-2。

人行道铺砖基层配合比 　　　　　表 4.2-1

水灰比	水泥	水	再生砖混集料 (5~10mm)	减水剂
0.25	360	90	1800	0

人行道铺砖面层配合比　　　　　表 4.2-2

水灰比	水泥	水	天然河砂 (0~5mm)	KSZ-4 型砖用增强剂(粉)
0.25	360	90	1780	35

(2)制备工艺。

根据再生砖混集料吸水率大的特点,确定成型工艺为:首先将再生砖混集料进行预吸水处理,处理为饱和面干状态后,和水泥(对于面层,是水泥+增强剂)一起搅拌 2min,而后加入水,一起搅拌 3min,观察搅拌出浆的效果良好后,在贝赛尔 MT140120 型全自动制砖机上,采用振动+静压的方式进行成型,如图4.2-1所示。成型后置于标准养生室中养生28d。

图4.2-1 用于人行道铺砖制备的贝赛尔MT140120型全自动制砖机

制备出来的人行道铺砖尺寸为250mm×250mm×60mm,从外观上看,无缺棱掉角现象,面层平整(图4.2-2),单块平均质量为7732.5g。

图4.2-2 再生砖混集料人行道铺砖样品(正面、背面、侧面)及其断面形貌

4.2.2 试验方法

(1)抗压强度。

根据《混凝土路面砖》(JC/T 446—2000)的规定,在YAW-2000型全自动压力试验机上测试5块砖的抗压强度,加荷速度设为0.5MPa/s。

(2)磨坑长度。

磨坑长度按照《无机地面材料耐磨性能试验方法》(GB/T 12988—2009)的规定,采用湘潭湘仪仪器有限公司的WM综合耐磨试验仪(图4.2-3)进行测试。

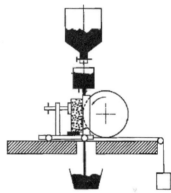

图4.2-3 人行道铺砖磨坑长度测试设备

需说明的是,由于所用的耐磨试验仪测试高度有限,因此试验前需将人行道铺砖劈成两半,而后用半块进行磨坑长度测试(图4.2-4)。测试人行道铺砖面层磨痕切线间的距离,取五个点测试距离,并求得平均值,即为磨坑长度值。

图4.2-4 测试磨坑长度

(3)吸水率。

根据《混凝土路面砖》(JC/T 446—2000)的规定,测试人行道铺砖的吸水率。如前文所述,制备的人行道铺砖单块质量超过5kg,按规范要求可切割后使其质量降为(4.5±0.5)kg后再进行吸水率测试。然而考虑到人行道铺砖为透水面砖,切割时易扰动引起砖内部裂纹,对吸水率测试结果造成干扰,因此在测试时并未进行切割,直接取5块完整砖进行吸水率测试。

(4)抗冻性测试。

根据《混凝土路面砖》(JC/T 446—2000)的规定,取10块砖进行抗冻性测试,其中5块在试验室的快速冻融试验箱中进行冻融试验,5块用作对比件,测温试件采用试验室浇筑的强度等级为C40的混凝土试块。在进行冻融测试前,砖先放入水中浸泡24h,饱水后处理为饱和面干,而后在冻融箱中进行25次冻融循环。冻融时采用水冻水融的制度,即先将砖放入预先降温至-15℃的冻融箱中,在该温度下冷冻4h,而后取出立即放入(20±10)℃的水中融化2h。循环25次后测试冻融试块的抗压强度,其与对比试样抗压强度的比值,即为抗冻性强度损失率。

$$\Delta R = \frac{R - \mathrm{RD}}{R} \tag{4.2-1}$$

式中:RD——冻融后砖的抗压强度;

R——对比样的抗压强度。

(5)透水性。

参考《透水水泥混凝土路面技术规程》(CJJ/T 135—2009),采用定水头法对透水混凝土(RAPC)透水系数进行测试。所用的装置为水泥混凝土路面透水系数试验装置(图4.2-5)。采用取芯机在制备的人行道铺砖上取出直径100mm、高50mm的圆柱体芯样用于透水性测试。试验过程中,用防水胶带对试块侧表面进行密封处理,使装置中的水仅在试块上下表面间渗透而不从侧表面漏出。圆柱体试块的透水系数可按下式进行计算。

$$k_\mathrm{T} = \frac{QL}{AHt} \tag{4.2-2}$$

式中:k_T——圆柱体芯样的透水系数(mm/s),计算结果精确至1.0×10^{-2}mm/s;

Q——测试时间内渗出的水量(mm³);

L——试块的厚度(mm);

A——试块的上表面积(mm²);

H——试验时装置内的水位差(mm);

t——测试时间(s)。

图 4.2-5　水泥混凝土路面透水系数试验装置

4.2.3　试验结果分析

（1）试验结果。

再生集料人行道铺砖的各项性能指标见表 4.2-3。

人行道铺砖各项性能指标　　　　　表 4.2-3

指标	抗压强度 （MPa）	磨坑长度 （mm）	吸水率 （%）	冻融后抗压强度 （MPa）	透水系数 （1.0×10^{-2}cm/s）
数值	34.1	31.70	8.45	27.8	1.25

经测试，研发的再生砖混集料人行道铺砖抗压强度大于 30MPa、面层磨坑长度小于 35mm，再生集料人行道铺砖的抗冻性强度损失率 $\Delta R = 18.5\%$，小于 25%，透水系数平均值为 1.25×10^{-2}cm/s，大于 1.0×10^{-2}cm/s，上述指标均满足要求；而吸水率为 8.45%，超过预设的水平（8%）。考虑到制备的人行道铺砖是透水基层，在测试过程中吸水后，基层颗粒间孔隙的水很难在短时间内沥干，这会使测试结果偏大，因此可以认为吸水率基本能满足要求。

因此，在合理设计基层和面层配合比并优化成型工艺的前提下，制备出尺寸为 50mm×250mm×60mm 的再生砖混集料人行道铺砖，从外观上看，无缺棱掉角现象，面层平整，单块平均质量为 7732.5g，28d 抗压强度为 34.1MPa，磨坑长度为 31.7mm，吸水率为 8.45%，25 次冻融循环后抗压强度损失率为 18.25%，透水系数 1.25×10^{-2}cm/s。除吸水率外，其他指标均满足要求。试验购入的再生砖混集料微粉含量及泥块含量偏大，虽不满足《再生骨料应用技术规程》(JGJ/T 240—2011)中对制备砌块和砖的再生粗集料的性能要求,但在使用前需将集料过筛,去掉大部分微粉,同时在设计成型工艺时将再生集料进行预吸水处理能去掉大部分泥块,因此获得的砖块性能可满足设计要求。

(2)对透水再生集料人行道路面砖性能的进一步试验与讨论。

试验虽然采用再生砖混集料成功制备了性能符合要求的人行道路面砖,但考虑到再生集料人行道路面砖的性能受再生集料的性能影响显著,而在后续项目开展过程中,再生集料的性能可能差异较大,因此有必要进一步探讨再生集料主要性能指标(如吸水率、压碎值指标)对所制备的人行道路面砖力学性能和透水性能的影响,并在此基础上对再生集料性能控制提出建议。基于此,在上述试验基础上,采用性能差异较大的不同批次(共计12组)再生集料,制备了系列再生透水混凝土,并测试其力学性能和透水性能。

12组再生集料分别来自福州市长乐区某线段道路工程项目部(来源地A)与福州市仓山区某桥梁工程项目部(来源地B)的废弃混凝土试块,对应的强度等级有C15、C20、C25、C30、C35、C40、C45、C50、C55。为区别12组RCA,本研究工作以RCA所对应的母体混凝土强度等级及来源地对RCA进行命名,如R15-A表明该RCA是由来自福州市某线段道路工程项目部(来源地A)的废弃C15混凝土试块再生处理后所得。12组透水混凝土用RCA各自对应的母体混凝土强度等级及其来源地汇总于表4.2-4,级配曲线如图4.2-6所示,外观实物如图4.2-7所示。从RCA外观形貌可以看出,所制得的RCA多为老砂浆颗粒,原生集料占比较低,尤其是4.75~9.50mm粒级的RCA。

12组透水混凝土用RCA各自对应的母体混凝土强度等级及其来源地　　表4.2-4

RCA	母体混凝土强度等级	母体混凝土来源
R15-A	C15	福州市某线段道路工程项目部(来源地A)
R20-A	C20	
R25-A	C25	
R30-A	C30	
R35-A	C35	
R40-A	C40	
R45-A	C45	
R50-A	C50	
R15-B	C15	福州市某桥梁工程项目部(来源地B)
R20-B	C20	
R35-B	C35	
R55-B	C55	

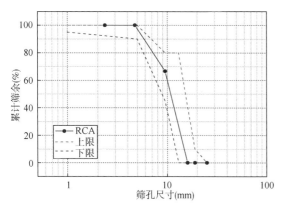
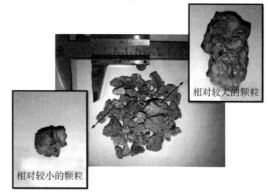

图 4.2-6　透水混凝土用 RCA 级配曲线　　　图 4.2-7　透水混凝土用 RCA 实物外观图

12 组透水混凝土用 RCA 的微粉含量、表观密度、松散堆积空隙率、压碎指标与吸水率,参照《建设用碎石、卵石》(GB/T 14685—2011)分别进行测试。

经测试,各组间的微粉含量、表观密度和松散堆积空隙率差异并不显著。12 组 RCA 间的压碎指标与吸水率存在明显的差异(图 4.2-8、图 4.2-9),压碎指标与吸水率的波动范围分别为 11.1%~18.6% 与 4.6%~8.9%。

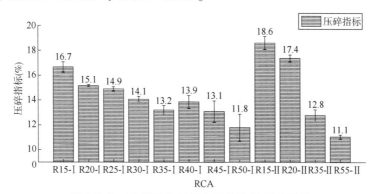

图 4.2-8　12 组透水混凝土用 RCA 的压碎指标

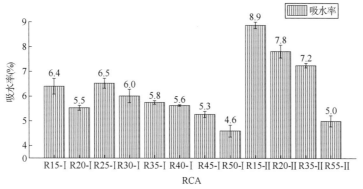

图 4.2-9　12 组透水混凝土用 RCA 的吸水率

从上述12组再生集料中挑选压碎指标或吸水率存在明显差异的若干种RCA制备人行道路面砖基层的透水混凝土(PC),作为本节研究的试验组,并将它们分为3个系列,各系列对应于不同的研究目的。一系列中的RAPC有RAPC-15A、RAPC-20A、PC-30A、PC-35A、PC-55B,所用RCA的压碎指标在11.1%~16.7%间浮动,主要用于研究RCA压碎指标对RAPC性能的影响。二系列中的RAPC有RAPC-15B、PC-20B、PC-15A、PC-20A,所用RCA的吸水率在5.5%~8.9%间浮动,主要用于研究RCA吸水率对PC性能的影响。

因此,本节研究设计7组人行道路面砖基层PC的配合比(列于表4.2-5),用于研究RCA压碎指标与吸水率对PC性能的影响规律。每组PC根据所用集料进行命名,如PC-15A表明其是由集料R15-A浇筑而成的PC。此7组PC的配合比参照《再生骨料透水混凝土应用技术规程》(CJJ/T 253—2016)进行体积法设计,其中水灰比定为0.25,目标孔隙率定为18%,并根据《建筑砂浆基本性能试验方法标准》(JCJ/T 70—2009)确定水泥净浆的密度为2090kg/m³。

7组RAPC的配合比　　　　表4.2-5

PC	所用集料	RCA(kg/m³)	水泥(kg/m³)	水(kg/m³)	减水剂(kg/m³)
PC-15A	R15-A	1269.1	564.0	141.0	1.4
PC-20A	R20-A	1259.3	572.8	143.2	1.4
PC-30A	R30-A	1247.5	573.3	143.3	1.4
PC-35A	R35-A	1262.2	566.9	141.7	1.4
PC-15B	R15-B	1195.6	592.4	147.2	1.5
PC-20B	R20-B	1208.3	603.3	149.9	1.5
PC-55B	R55-B	1239.7	580.5	145.1	1.5

由不同压碎指标与吸水率的RCA所浇筑而成的PC的抗压强度与抗折强度如图4.2-10所示。

如图4.2-11所示,人行道路面砖透水基层PC的抗压强度随所用RCA压碎指标或吸水率的增高而降低,表明RCA的压碎指标与吸水率均会影响PC的抗压强度。至于PC的抗折强度,随所用RCA压碎指标的增大,抗折强度并未呈现有规律的且各组间差异较小;PC抗折强度随着所用RCA吸水率的增大而出现明显降低(图4.2-14b)。简言之,RCA吸水率可显著影响PC抗压强度与抗折强度,而RCA压碎指标只对PC抗压强度有明显的影响。

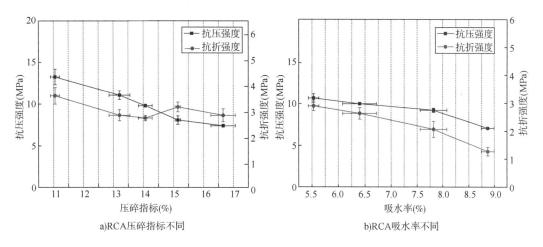

图 4.2-10　由不同 RCA 所制的 PC 的抗压强度

采用透水系数与有效孔隙率(半连通孔隙率与连通孔隙率之和)评价 PC 的透水性。由不同压碎指标与吸水率的 RCA 所浇筑而成的 PC,透水系数与有效孔隙率如图 4.2-11 所示。

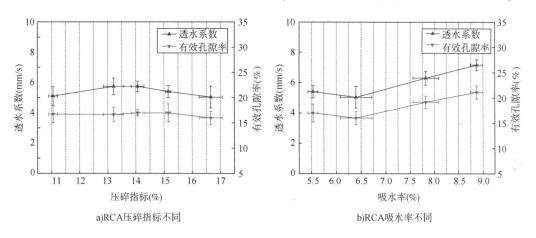

图 4.2-11　由不同 RCA 所制的 PC 的透水系数和有效孔隙率

由图 4.2-11 可知,PC 透水系数和有效孔隙率与 RCA 压碎指标相关性较好,但 RCA 吸水率的增大呈现出明显的上升趋势。

高吸水率(>6.5%)RCA 的 PC 拌合物通常黏聚指数较低,成型性较差(图 4.2-12)。这是由于高吸水率 RCA 在搅拌期间吸收了水泥浆体中的大量水分。浆体水分的流失将使拌合物变得过于干硬,以至于集料颗粒表面水泥裹浆层变得既干又薄且包裹不均,这一

图 4.2-12　由高吸水率 RCA 所制的 RAPC 拌合物

方面不利于集料颗粒间的黏结,严重削弱硬化后 PC 的力学性能。但另一方面由于拌合物较干,RCA 表面水泥裹浆层较薄,故使得在 PC 中形成多、更大的连通/半连通孔隙,对 PC 的透水性反而是有利的。图 4.2-13 对比采用了吸水率分别为 8.9% 和 4.6% 的 RAC 制备的 PC 外观,明显地,使用吸水率较低的 RCA 制备的 PC 集料颗粒间的间隙被更多的水泥浆所填充,而使用吸水率高的 RCA 制备的 PC 集料间水泥浆极少,有效孔隙率更大,对应的 PC 的透水性更佳。

a)所用RCA吸水率为8.9%　　　　b)所用RCA吸水率为4.6%

图 4.2-13　由不同吸水率的 RCA 所制的 PC 外观形貌

综上,RCA 的压碎指标与吸水率均对 PC 的抗压强度影响显著。当 RCA 的压碎指标与吸水率较高时,PC 的抗压强度较低。同时,较高的 RCA 吸水率对抗折强度不利,但有助于保障 PC 良好的透水性。RCA 压碎指标对 PC 抗折强度和透水性的影响并不显著。经大量试验发现,当再生集料的压碎值指标低于 14%、吸水率低于 7% 时,可使配制的再生集料透水混凝土力学性能和透水性能综合较优。

4.3　再生粗集料在挡土墙工程中的应用技术

4.3.1　试验方案

根据本项目中对沿线挡土墙混凝土的设计强度等级要求,参照《再生骨料应用技术规程》(JGJ/T 240—2011)、《普通混凝土配合比设计规程》(JGJ 55—2011),设计强度等级为 C25、C30 的再生集料混凝土。其中,C25 和 C30 再生混凝土的设计水胶比分别为 0.55、0.45,再生粗集料取代率为 70%。按照前期经验,最初设计计算的配合比见表 4.3-1。

初步计算所得挡土墙 C25、C30 再生混凝土配合比 表 4.3-1

强度等级	水胶比	再生集料取代率(%)	水(kg/m³)	水泥(kg/m³)	砂(kg/m³)	天然集料(kg/m³)	再生集料(kg/m³)	减水剂(kg/m³)	砂率(%)	减水剂占水泥百分比(%)
C25	0.55	70	165	300	674	329.17	769.40	0.78	38%	0.38
C30	0.45	70	165	365	625	329	769	0.72	36%	0.35

参照《公路工程水泥及水泥混凝土试验规程》(JTG 3420—2020),依据表 4.4-1 初步预设的配合比进行试配,采用两阶段搅拌工艺:将水泥加入搅拌机中,将减水剂与称好的拌合水均匀搅拌并将混合溶液的一半倒入搅拌机中,与水泥一起搅拌 1min;接着将剩余的混合溶液、砂和再生粗集料、天然集料一起投入搅拌机中搅拌 2min;最后将混凝土拌合物倒出搅拌机进行坍落度试验。

采用初步设计的配合比进行试配时,发现新拌再生集料混凝土工作性能较差,主要体现在浆体未充分包裹集料、泌浆渗水、黏聚性差、流动性过大、保水性差,如图 4.3-1 所示。因此,需要对表 4.3-1 中的配合比进行调整。

图 4.3-1 采用初步计算的配合比配制出的再生混凝土和易性较差

经过 2~3 轮试配,考虑机制砂表面粗糙、吸附能力强,再生集料表面附着微粉与老砂浆、吸水强的特点,在保证水灰比不变的前提下,适当调整水和水泥用量,微调减水剂用量。最终确定配合比方案见表4.3-2。其中,C25和C30混凝土根据其水胶比和再生集料取代率,分别编号为W55R70和W45R70。

调整后的挡土墙 C25、C30 再生混凝土配合比　　　　表4.3-2

强度等级	水胶比	再生集料取代率(%)	水(kg/m³)	水泥(kg/m³)	砂(kg/m³)	天然集料(kg/m³)	再生集料(kg/m³)	减水剂(kg/m³)	砂率(%)	减水剂占水泥百分比(%)
C25	0.55	70	165	300	674	319.17	769.33	0.66	31	0.22
C30	0.45	70	165	365	625	319.17	744.73	0.81	37	0.22

按照调整后的配合比,采用两阶段搅拌法进行试配,所得两组混凝土和易性较好,如图4.3-2、图4.3-3所示,W55R70组和W45R70组均易于插捣,黏聚性较好,无明显泌浆现象,前者坍落度为(130±8)mm,后者为(140±5)mm,可满足泵送要求。

图4.3-2　调整配合比后,C25挡土墙再生混凝土(W55R70)和易性较好

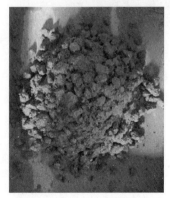

图4.3-3　调整配合比后,C30挡土墙再生混凝土(W45R70)和易性较好

4.3.2　试验方法

（1）抗压强度。

参照《普通混凝土力学性能试验方法标准》(GB/T 50081—2019)，采用压力试验机对各组标准养生 28d 后的再生集料混凝土抗压强度进行测试，并以 3 块试件抗压强度的算术平均值作为试验结果。

（2）抗弯拉强度。

参照《水工混凝土试验规程》(SL 352—2020)，采用万能试验压力机对各组标准养生 28d 后的再生集料混凝土抗弯拉强度进行测试，并以 3 块试件抗弯拉强度的算术平均值作为试验结果。

（3）渗水高度。

参照《公路工程水泥及水泥混凝土试验规程》(JTG 3420—2020)，对各组标准养生 14d 后的再生集料混凝土渗水高度进行测试，如图 4.3-4 所示，并以该组 6 个试件渗水高度的算术平均值作为该组试件的平均渗水高度，进而确定各试验组的相对渗透系数。

图 4.3-4　混凝土渗水高度测试

4.3.3　试验结果分析

（1）抗压强度与抗弯拉强度。

W55R70 和 W45R70 组混凝土的 28d 抗压强度与抗弯拉强度测试结果见表 4.3-3。

挡土墙再生混凝土试块 28d 抗压强度与抗弯拉强度（单位：MPa）　　表 4.3-3

混凝土编号	抗压强度	抗弯拉强度
W55R70	34.9	4.5
W45R70	38.2	5.4

由表 4.4-3 中数据可知，W55R70 组混凝土可达到 C25 抗压强度强度要求，W45R70 可达到 C30 抗压强度要求。

图 4.3-5 为抗压强度测试时试块碎裂情况,图 4.3-6 和图 4.3-7 为两组混凝土试块抗弯拉破坏后的形态。

图 4.3-5　W55R70 和 W45R70 试块抗压强度测试时的碎裂情况

图 4.3-6　W55R70 试块拉弯拉强度测试后的形态

图 4.3-7　W45R70 试块抗弯拉强度测试后的形态

(2)渗水高度。

在渗水高度试验中,养生 14d 的 W55R70 的抗渗性较差,其中 W55R70 组在试验开始后 24h 出现渗水,渗水高度为 145~150mm。而 W45R70 组抗渗性较好,渗水高度为 43.9mm。W55R70 和 W45R70 两组混凝土渗水高度的测试结束后,对试块进行劈裂后拍到的断面照片如图 4.3-8 所示。

图 4.3-8 W55R70 和 W45R70 试块渗水高度测试后劈裂的断面照片

由 W55R70 组的渗水高度测试可知,对于再生混凝土而言,即使通过调整水灰比和再生集料取代率可使其力学性能达到要求,但由于再生集料本身含有疏松多孔的旧砂浆,因此会使试块整体密实度下降,从而渗透性显著增大,抗渗性下降。这一现象在水灰比较大的情况下更为显著。而当水灰比减小为 0.45 时,抗渗性显著提升。

另需说明的是,本节所设计的 W55R70 组混凝土抗压强度达到强度等级 C25 的要求,但考虑到其抗渗性较差,因此不宜用于排水沟预制件的配制。综合考虑后,排水沟预制件采用 W45R70 组混凝土浇筑。

4.4 再生粗集料制备人字形骨架护坡砌块技术

4.4.1 试验方案

人字形骨架边坡砌块为再生集料混凝土浇筑的实心砌块,再生集料混凝土强度等级一般为 C25。此外,所用的再生混凝土还需满足干燥收缩率≤0.06%、抗冻性强度损失≤25%、软化系数≥0.8 的要求。

本节研究所使用的原材料为4.2节中所提到的水泥,即来自广东省东莞市的废混凝土再生集料、机制砂、减水剂,对配合比进行设计,对抗压强度、干燥收缩率、抗冻性、软化系数进行测试,并进行了快速碳化试验。

配合比设计同采用W55R70(水灰比为0.55、再生集料取代率为70%)组配合比。

4.4.2 试验方法

(1)抗压强度。

试验方法同4.3节。

(2)干燥收缩率。

本书参照《普通混凝土长期性能和耐久性能试验方法》(GB/T 5008—2009)的要求,采用接触法,利用卧式混凝土收缩仪(HSP-540混凝土收缩膨胀仪)分别对8组混凝土收缩率进行测试。采用截面积为100mm×100mm、长515mm的混凝土试件,浇筑前预先埋入测头;试件浇筑完毕后1d拆模,移入标准养生室进行养生,待试件达到3d龄期时(从试件浇筑成型起算)测其初始长度,并以此为初始测量龄期,而后移入干缩室,在下列龄期分别测量每个试件长度:1d、3d、7d、14d、28d、45d、60d(从测定完试件初始长度起算)。测量过程中应保证每个试件相对位置和方向与前一次测量时相同,每个试件每次测量应重复3次。每组混凝土每个龄期取3个试件进行干燥收缩性能测试,取其收缩率的算术平均值作为该组混凝土在相应龄期的收缩率测定值。每个混凝土试件的收缩率按式(4.4-1)进行计算:

$$\varepsilon_{st} = \frac{L_0 - L_t}{L_b} \tag{4.4-1}$$

式中:ε_{st}——测试龄期为$t(d)$的混凝土收缩应变;

t——测定完试件初始长度的时间;

L_0——试件的初始长度读数(mm);

L_t——试件在测试龄期为$t(d)$时测得的长度读数(mm);

L_b——试件测量标距,等于混凝土试件长度(不计测头突出部分)减去两端测头埋入深度之和(mm)。

(3)快速碳化试验。

本书参照《普通混凝土长期性能和耐久性能试验方法》(GB/T 5008—2009)的要求,

待试块标准养生 28d 后进行碳化试验。采用 100mm×100mm×100mm 立方体混凝土试块进行碳化侵蚀,进行碳化前 2d 应先将试块从标准养生室取出,放入恒温干燥箱中,在 60℃ 环境下烘 48h 后取出。本书采用一维碳化侵蚀方式,侵蚀面为混凝土试件侧面(非浇筑面),其余 5 个非侵蚀面用石蜡将其密封,采用 $(20\pm3)\%$ 的 CO_2 浓度进行碳化,碳化期间控制碳化箱相对湿度保持在 $(70\pm5)\%$,温度保持在 (20 ± 2)℃ 范围内。在碳化 3d、28d 后,测试碳化深度。测试时,将试块取出劈开,在新鲜断面上均匀喷洒 1% 浓度的酚酞酒精溶液(1g 酚酞粉末配 100mL 无水乙醇),待断面表面出现颜色分层后用游标卡尺进行测试,测未显色区域的宽度,每个断面取 10 个测点,取其算术平均值作为该试块碳化深度。同时,每个龄期每组混凝土取 3 个试件碳化深度的算术平均值作为各组混凝土的碳化深度值。此外,在碳化 28d 后,测试试块的抗压强度,并与碳化前的强度进行对比。

(4)抗冻性试验。

在抗冻性试验中,浇筑 3 个 100mm×100mm×400mm 试块,养生至 28d 龄期进行试验。采用的仪器设备为天津市港源试验仪器厂生产的 TDR-16 型混凝土快速冻融试验机,采用快冻法,每冻融 25 次循环,测试抗压强度及超声波速,计算抗压强度及超声波速损失率,至 100 次冻融循环。测试装置如图 4.4-1 所示。

图 4.4-1 TDR-16 型混凝土快速冻融试验机

(5)软化系数。

目前尚未有测试混凝土软化系数的规范,因此,测试再生混凝土软化系数时,主要参照《砌墙砖试验方法》(GB/T 2542—2012)中的规定,即浇筑 10 块 100mm 立方体试块,标准养生 28d,其中 5 块用于软化试验,置于 (20 ± 5)℃ 的水中,浸泡 4d 后取出,处理为饱和面干状态,而后测试其抗压强度。另 5 块试块作为对比样,在气干状态下测试其抗压强度。软化系数 K_f 按式(4.4-2)计算:

$$K_f = \frac{R_f}{R_0} \tag{4.4-2}$$

式中:R_f——软化后抗压强度平均值(MPa);

R_0——对比样(未泡水的)抗压强度平均值(MPa)。

4.4.3 试验结果分析

(1)抗压强度。

4.3 节中 W55R70 组再生混凝土抗压强度均值为 34.9MPa,满足人字形骨架砌块混凝土力学性能要求(设计强度等级 C25)。

(2)干燥收缩率。

试件浇筑后,测得的 W55R70 组混凝土在不同龄期的干燥收缩应变见表 4.4-1。

W55R70 组再生混凝土的干燥收缩应变　　　　表 4.4-1

龄期(d)	1	3	7	14	28	45	60
干燥收缩应变($\times 10^{-6}$)	-27.73	-126.95	-263.12	-381.35	-480.18	-531.29	-569.57

由 28d 的干缩应变可知,其干燥收缩率为 0.048%,小于 0.06%,满足要求。

(3)碳化深度。

如前文所述,在快速碳化试验中,试件剖开后在其新鲜剖面上喷洒酚酞试剂,则无色的为碳化区,红色和粉红色的为非碳化区。图 4.4-2 为 W55R70 组再生混凝土在快速碳化箱中一维碳化 28d 后,其剖面喷洒酚酞后的显色情况。

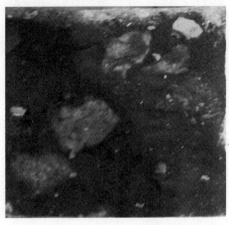

图 4.4-2　W55R70 组碳化 28d 后的剖面显色情况

经测试,W55R70 组再生混凝土在快速碳化 3d 和 28d 时的碳化深度分别为 3.28mm 和 6.32mm,碳化深度较小。这可能是由于再生混凝土中采用再生集料部分替代天然集料,而再生集料本身由于有附着老砂浆的存在,使其碱度较天然集料高,从而使混凝土整体碱度增大,更有利于抵抗碳化。

此外,还测试了在碳化箱中碳化 28d 后的再生混凝土试块的抗压强度,经测试,其抗压强度为 41.2MPa,相较于其碳化前的抗压强度 34.9MPa,强度提升了约 18%。造成其强度提升的结果有两个:①碳化 28d 后,混凝土试件的实际龄期为 56d,龄期较长因此抗压强度有提升;②再生混凝土试件表层碳化,而前人的研究表明,碳化可使得 CH、C-S-H 等转变为结晶更致密的碳酸钙晶体,这对于提升混凝土的力学性能有利。

(4)抗冻性。

经测试,养生 28d 后的 W55R70 组再生混凝土,冻融 0 次、25 次、50 次、75 次、100 次后,测试冻融循环后 W55R70 组的抗压强度、损失率及超声波波速结果见表 4.4-2、表 4.4-3。

混凝土冻融循环后抗压强度及损失率 表 4.4-2

冻融次数(次)	抗压强度(MPa)	抗压强度损失率(%)
0	34.9	0
25	32.5	6.9
50	30.1	13.8
75	26.6	23.8
100	21.5	38.3

混凝土冻融循环后超声波波速及损失率 表 4.4-3

冻融次数(次)	超声波速(m/s)	超声波速损失率(%)
0	3867.5	0
25	3702.3	4.27
50	3427.5	11.4
75	3188.2	17.6
100	2843.8	26.5

随着冻融循环次数不断增加,W55R70 组再生混凝土抗压强度及抗压强度损失率、超声波波速及超声波波速损失率分别如图 4.4-3、图 4.4-4 所示。抗压强度及超声波波速均随着冻融循环次数不断增加呈下降趋势,因而抗压强度损失率及超声波波速损失率不断上升。在冻融循环 75 次以后,抗压强度损失率接近 25%,但抗压强度绝对值仍在

25MPa 以上,而当循环 100 次后,抗压强度损失率接近 40%,抗压强度绝对值低于 25MPa,已无法满足人字形骨架砌块(C25)的强度要求。

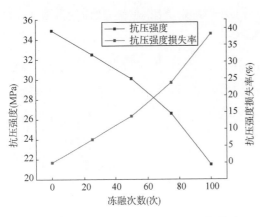

图 4.4-3　W55R70 组的抗压强度及损失率

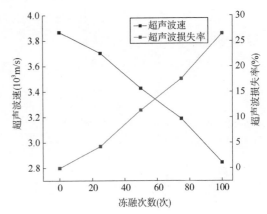

图 4.4-4　W55R70 组的超声波波速及损失率

(5)软化系数。

经测试,养生 28d 后的 W55R70 组再生混凝土在浸水 4d 后测得的抗压强度及对比样的抗压强度数据见表 4.4-4。

抗压强度　　　　　　　　　　　　　　　表 4.4-4

组别	第一块	第二块	第三块	第四块	第五块	第六块
试验样	29.69	30.15	28.77	31.02	30.53	30.03
对比样	34.91	33.60	36.19	34.24	35.67	34.92

则其软化系数 $K_f = 30.03/34.92 = 0.86$,满足软化系数高于 0.8 的要求。

4.5　再生粗集料在承重构件的应用及性能提升技术

制备 C40 再生集料混凝土制备桥台等承重构件,所使用的原材料为普通硅酸盐水泥、某桥梁拆除的混凝土块再生集料、机制砂、减水剂、硅藻土,进行基础配合比设计,按照调整后的基础配合比采用两阶段搅拌法进行试验,内掺硅藻土后调整配合比,对抗压强度、动弹性模量、氯离子快速迁移系数进行测试。

4.5.1　试验方案

(1)基础配合比设计。

参照《再生骨料应用技术规程》(JGJ/T 240—2011)、《普通混凝土配合比设计规程》(JGJ 55—2011),设计强度等级为 C40 的再生集料混凝土用于桥梁承台。其中,设计水胶比为 0.45,再生粗集料取代率为 60%。按照前期经验,设想的配合比设计见表 4.5-1,其中再生粗集料取代率为 0% 的组即为天然集料混凝土对照组。

预设基础配合比　　　　　表 4.5-1

强度等级	水胶比	再生集料取代率(%)	水(kg/m³)	水泥(kg/m³)	砂(kg/m³)	天然集料(kg/m³)	再生集料(kg/m³)	减水剂(kg/m³)	砂率(%)	减水剂占水泥百分比(%)
C40	0.45	0	164	364	618	1254	0	1.82	33	0.5
		60				502	752		33	0.5

参照《公路工程水泥及水泥混凝土试验规程》(JTG 3420—2020),依据表 4.5-1 初步预设的基础配合比进行预试验,采用两阶段搅拌工艺:将水泥加入搅拌机中,将减水剂与称好的拌和水均匀搅拌并将混合溶液的一半倒入搅拌机中,与水泥一起搅拌 1min;接着将剩余的混合溶液、砂和再生粗集料、天然集料一起投入搅拌机中搅拌 2min;最后将混凝土拌合物倒出搅拌机进行坍落度试验。

试验中可以发现,预设配合比浇筑的再生集料混凝土其工作性能较差,主要体现在插捣时难插捣、黏聚性不好,会出现椎体倒塌、崩裂现象,且保水性差。因此,需要对表 4.5-1 中的配合比进行调整。

经过 2~3 轮试配,充分考虑机制砂表面粗糙、吸附能力强的特点,把砂率适当增高,减水剂用量进行微调。最终确定 C40 混凝土砂率为 0.38,再生集料取代率 0% 和再生集料取代率 60% 组的减水剂用量分别调整为水泥用量的 0.35% 和 0.38%。具体配合比见表 4.5-2。

调整砂率和减水剂用量的 C40 再生及普通混凝土配合比　　　　表 4.5-2

强度等级	水胶比	再生集料取代率(%)	水(kg/m³)	水泥(kg/m³)	机制砂中砂(kg/m³)	天然集料(kg/m³)	再生集料(kg/m³)	减水剂(kg/m³)	砂率(%)	减水剂占水泥用量百分比(%)
C40	0.45	0	164	364	711	1160	0	1.27	38	0.35
		60				464	696	1.38		0.38

按照调整后的基础配合比采用两阶段搅拌法进行试验,试验情况具体如下:

①再生集料取代率 0% 组,当减水剂掺量为水泥用量的 0.35% 时,坍落度为 130mm,

黏聚性良好,不泌水,满足工作性能要求,如图 4.5-1 所示。

②再生集料取代率为 60% 组,减水剂用量为 0.38%,插捣时比较容易,黏聚性较好,底部稍有浆体流出,坍落度为 125mm,满足工作性能要求。

(2)内掺硅藻土后配合比调整。

确定基础配合比后,分别内掺煅烧磨细硅藻土(CDE)和废弃助滤硅藻土(SDE)进行改性,根据硅藻土吸水性较大这一特性,需调整减水剂用量以改善其流动性,对配合比进行调整后进行试配,并进行抗压强度测试。

①内掺 10% 煅烧磨细硅藻土组,当减水剂掺量为水泥用量的 0.54% 时,插捣较易,黏聚性较好,坍落度为 130mm,满足工作性能要求,如图 4.5-2 所示。

图 4.5-1　再生集料取代率为 0% 组　　图 4.5-2　内掺 10% 煅烧磨细硅藻土组

②内掺 10% 废弃助滤硅藻土组,减水剂用量为 0.82% 时,坍落度为 120mm,流动性较好,黏聚性较好,无泌浆泌水现象,满足工作性能要求,如图 4.5-3 所示。

图 4.5-3　内掺 10% 废弃助滤硅藻土组

通过以上工作性能试验可确定 C40 改性再生集料混凝土的配合比,具体见表 4.5-3。

内掺硅藻土后的再生集料混凝土配合比　　　表 4.5-3

强度等级	水胶比	再生集料取代率(%)	硅藻土种类	硅藻土掺量(%)	硅藻土(kg/m³)	水(kg/m³)	水泥(kg/m³)	机制砂中砂(kg/m³)	天然集料(kg/m³)	再生集料(kg/m³)	减水剂占水泥用量百分比(%)
C40	0.45	60	CDE	10	36.4	164	327.6	711	464	696	0.54
			SDE								0.82

4.5.2　试验方法

(1)抗压强度。

参照《普通混凝土力学性能试验方法标准》(GB/T 50081—2019),采用压力试验机对各组标准养生 28d 后的再生集料混凝土抗压强度进行测试,并以 3 块试件抗压强度的算术平均值作为试验结果。

(2)动弹性模量。

参照《公路工程水泥及水泥混凝土试验规程》(JTG 3420—2020),采用共振仪对标准养生 28d 后的标准试块进行测试,试块尺寸为 100mm×100mm×400mm,并以 3 块试件平均值作为试验结果。

(3)氯离子快速迁移系数。

参照和《普通混凝土长期性能和耐久性能试验方法标准》(GB/T 50082—2019)一致的《公路工程水泥及水泥混凝土试验规程》(JTG 3420—2020)标准,采用快速氯离子迁移系数法(Rapid Chloride Migration Test,RCM)试验装置对标准养生 28d 后的再生集料混凝土氯离子迁移系数进行测试,试件尺寸为直径 100mm、高 50mm 的圆柱体,并以 3 块试件氯离子迁移系数的算术平均值作为试验结果。

4.5.3　试验结果分析

(1)试验结果。

①抗压强度。

确定改性配合比后,分别用煅烧磨细硅藻土和废弃助滤硅藻土以 10% 的质量取代率取代水泥,浇筑 C40 改性再生集料混凝土并进行 28d 抗压强度测试,如图 4.5-4 所示,抗压强度测试结果见表 4.5-4。

图 4.5-4　抗压强度测试

抗压强度测试结果　　　　　　　　　　　　　表 4.5-4

组别	再生集料取代率为 0% 组	再生集料取代率为 60% 组	CDE 组	SDE 组
抗压强度(MPa)	57	51	64.1	51.4

由抗压强度测试结果可知,掺入 10% 水泥取代率的煅烧磨细硅藻土后,再生集料混凝土抗压强度可提升 25.7%,提升效果显著;掺入 10% 水泥取代率的废弃助滤硅藻土后抗压强度提升 0.8%,略有提升。

②动弹性模量。

动弹性模量测试如图 4.5-5 所示,其结果见表 4.5-5。

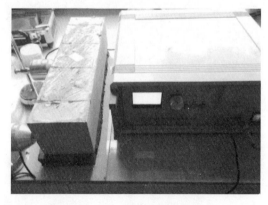

图 4.5-5　动弹性模量测试

动弹性模量测试结果 表 4.5-5

组别	再生集料取代率为0%组	再生集料取代率为60%组	CDE 组	SDE 组
动弹性模量(GPa)	35.70	33.99	35.11	32.85

由动弹性模量结果可知,掺入10%水泥取代率的煅烧磨细硅藻土后,再生集料混凝土弹性模量相对未改性组可提升3.3%,其动弹性模量基本和天然集料混凝土相当;掺入10%水泥取代率的废弃助滤硅藻土后动弹性模量有所降低。

③氯离子快速迁移系数。

氯离子快速迁移系数测试结果见表 4.5-6。图 4.5-6a) ~ d) 为再生集料取代率为0%、再生集料取代率为60%、CDE 组及 SDE 组试块在通电加速氯离子侵蚀后劈裂并喷洒硝酸银溶液后的显色情况。

氯离子快速迁移系数 D_{RCM} 测试结果 表 4.5-6

组别	再生集料取代率为0%组	再生集料取代率为60%组	CDE 组	SDE 组
D_{RCM} ($\times 10^{-12} m^2/s$)	14.2	17.5	10.2	16.3

由 RCM 测试结果可知,掺入10%水泥取代率的煅烧磨细硅藻土后,再生集料混凝土的氯离子快速迁移系数 D_{RCM} 相对未改性组可降低41.7%,且比普通天然集料混凝土更低(降低约28.2%)。结合前述力学性能测试结果,煅烧磨细硅藻土不仅可显著提升再生混凝土的强度、动弹性模量等力学性能,还能更为显著地提升其抗氯离子侵蚀性能,因此,该技术有助于全面改善再生混凝土性能。当再生混凝土应用于桥台等承重构件时,不仅可更好地保障其承载能力,更能保障其在地下水、地表水中氯离子的侵蚀下良好的耐腐蚀性能。掺入10%水泥取代率的废弃助滤硅藻土后,再生混凝土的氯离子快速迁移系数较未改性前略有降低,但降低幅度不大(约为6.9%)。因此,废弃助滤硅藻土对再生混凝土力学性能和耐久性能的提升效果并不明显,这可能是由于废弃助滤硅藻土中吸附的有机质较多,堵塞硅藻土的孔隙,从而使其在水泥水化过程中发挥的成核效应削弱,与此同时火山灰效应也受阻。总体而言,掺用 CDE 相较于掺用废弃助滤硅藻土更能保障再生混凝土整体力学及耐久性能的有效提升。

(2)对煅烧磨细硅藻土提升再生混凝土性能机理的进一步试验研究及讨论。

由上述宏观性能试验结果可知,内掺 CDE 后的再生集料混凝土在多方面性能均有提升,且提升效果均有不同。

图 4.5-6 RCM 试验中试块劈裂后喷洒硝酸银后的显色情况

本节基于本书项目组前期研究成果,从改性前后再生集料混凝土微观结构(采用扫描电镜二次扫描、背散射扫描观测结果进行表征)变化出发,结合界面过渡区微观力学性能和孔结构的变化,探讨内掺煅烧磨细硅藻土改性再生集料混凝土性能的内在机理。其中,需说明的是,再生集料混凝土中共有三种界面过渡区,即旧集料与新砂浆间的界面过渡区(记为 ITZ1)、旧集料与老砂浆间的界面过渡区(记为 ITZ2)、旧砂浆与新砂浆间的界面过渡区(记为 ITZ3)。ITZ2 为再生集料中本身就有的旧界面过渡区,内掺硅藻土对其性能影响不大,因此只讨论另两种新界面过渡区的性能变化。

图 4.5-7a)~d)为在扫描电镜下观察到的内掺 CDE 组的再生集料混凝土中不同龄期时的硅藻土形貌。

从图 4.5-7a)中可以看出,未反应的 CDE 具有明显的有序多孔结构。当其掺入再生混凝土后,在 7d 龄期(图 4.5-7b)可以看出 CDE 颗粒上孔隙细化,并且表面附着絮状水化硅酸钙(C-S-H)凝胶,表明 CDE 可能为水化硅酸钙提供更好的着位点,发挥了成核效应。水化 14d,如后图 4.5-7c)所示,可以观察到 CDE 颗粒表面孔隙变得不明显,絮状物质几乎覆盖其表面,且 CDE 颗粒边缘轮廓不再光滑,表明 CDE 有可能发挥了火山灰效应,与水泥水化产物(主要是氢氧化钙)发生二次水化反应,生成了更多的水化产物。水化 28d 后如图 4.5-7d)所示,可以看到絮状物质(主要是 C-S-H)进一步覆盖 CDE 颗粒,并从絮状结构发展成空间网状结构。

图 4.5-7　内掺 CDE 的 RAC 在不同龄期观察到的硅藻土形貌变化

图 4.5-8、图 4.5-9 分别为对照组 RAC 及掺入 10% CDE 的再生集料混凝土中,ITZ1(即未被老砂浆包裹的老集料与新水泥砂浆间形成的界面过渡区)的背散射电子(Back Scattered Electron,BSE)图像(放大倍数均为 1000 倍)。对比两张图可以看出,掺了 CDE 的 RAC 中 ITZ1 区域的背散射图像相较于对照组,未水化的水泥熟料更少(即图中的明亮片状物),微观结构更加致密,这归因于内掺 CDE 发挥火山灰效应,促进了水泥的水化,且在 ITZ 处生成了更多的水化产物。从图 4.5-10 的 BSE 图中可观察到一个边缘正在灰化的 CDE 颗粒,表明 CDE 正在与水泥基体中发生反应。

图 4.5-8　对照组 RAC 的 ITZ1 区域 1000×

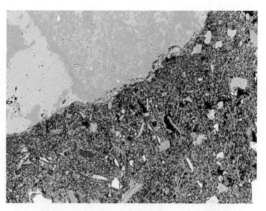
图 4.5-9　掺 CDE 的 RAC 中 ITZ1 区域

图 4.5-10　边缘正在灰化的硅藻土 2000×

对内掺 CDE 的 RAC 界面过渡区附近获得的 BSE 图像进行降噪、区域分块、软件分析等方式处理后，可获得界面过渡区的孔隙率分布，具体流程如图 4.5-11 所示，其中分块区域宽度为 10 μm。

图 4.5-12 为内掺 CDE 再生骨料混凝土 ITZ1 和 ITZ3 的孔隙率分布及其与对照组的对比。从图中可以看出，随着离集料或离老砂浆距离的增加，各组别再生集料混凝土 ITZ1 和 ITZ3 的孔隙率呈下降趋势，离集料最近的区域，ITZ1 孔隙率均在 30% 以上。对照组 RAC 最高，达到 41%，可能原因是集料表面形成水囊，水囊的存在使界面过渡区局部水胶比变大，硬化后形成更多孔隙且大孔增加。然而与对照组相比，内掺 CDE（15% 掺量）的 RAC 中两类新界面过渡区孔隙率均显著降低，界面过渡区度厚度均有所减小。

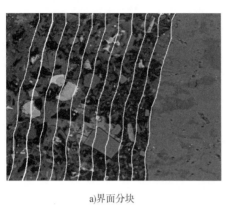
a) 界面分块

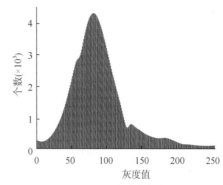
b) 灰度直方图

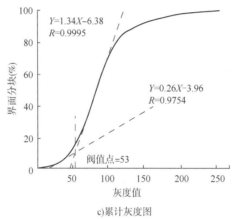
c) 累计灰度图

图 4.5-11 界面过渡区孔隙率处理流程

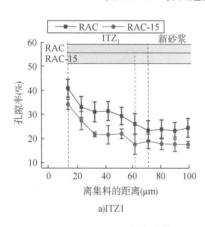
a) ITZ1

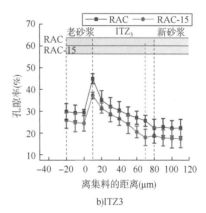
b) ITZ3

图 4.5-12 内掺硅藻土再生集料混凝土 ITZ 孔隙率情况

内掺 CDE（15% 掺量）的再生集料混凝土 ITZ1 和 ITZ3 显微硬度试验结果如图 4.5-13 所示。从图中可以看出，未改性前，RAC 界面过渡区 ITZ1 和 ITZ3 的显微硬度集中在 200～210 MPa 之间，新砂浆的显微硬度集中在 500～520 MPa 之间，掺入 CDE

后,新砂浆及界面过渡区显微硬度均提高。以 ITZ3 例,其平均显微硬度由 207 MPa 提升至 229 MPa(提升约 10.6%),厚度从 90 μm 降至 70 μm,新砂浆平均显微硬度为由 508 MPa 提升至 550 MPa(提升约 8.3%)。相较于水泥基体,界面过渡区的孔隙率高、CH 含量也更高,因此硅藻土发挥填料效应和火山灰效应使其微观力学性能提升的效果也更为显著。

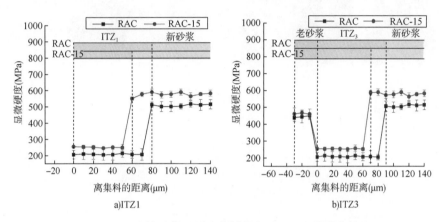

图 4.5-13　内掺硅藻土再生集料混凝土 ITZ 显微硬度情况

综上,掺入 CDE 后,能够为水泥水化产物提供更有利的着位点,即发挥成核效应,提高水化速率;同时硅藻土中大量的活性二氧化硅可与水泥水化产生的 CH 反应,发挥火山灰效应,进一步促进水泥水化,生成更多的 C-S-H。水化程度的提高及水化产物的增多,使界面过渡区和新砂浆的孔隙率降低、微观力学性能提升,这是再生混凝土在内掺 CDE 后力学性能和抗氯离子侵蚀性能显著提升的内在机理。

4.6　本章小结

本章系统研究了建筑垃圾再生集料用于人行道路面砖、公路挡土墙工程、人字形边坡骨架砌块及混凝土承重构件中等多场景下,不同强度再生混凝土产品性能及强度改善提升机理,得到以下主要结论。

(1)在合理设计基层和面层配合比、并优化成型工艺的前提下,制备出尺寸为 50mm×250mm×60mm 的再生砖混集料人行道铺砖,从外观上看,无缺棱掉角现象,面层平整,单块平均质量为 7732.5g,28d 抗压强度为 34.1MPa,磨坑长度为 31.7mm,吸水率为 8.45%,25 次冻融循环后抗压强度损失率为 18.25%,透水系数 1.25×10^{-2} cm/s。除吸水率外,其他指标均满足要求,考虑到在吸水率测试中,测试结果偏大,加之吸水率8.45%与预期值(8%)相差不大,可以认为基本能满足要求。经过试验探究,当再生集料的压碎值指标低于14%、吸水率低于7%时,可使配制的人行道路面砖透水基层混凝土力学性能和透水性能综合较优。

(2)充分考虑再生集料表面附着微粉与老砂浆合其吸水强的特点,同时考虑机制砂表面粗糙、吸附能力强的特点,合理确定水泥、水的用量,调整砂率及减水剂用量,配制出用于挡土墙的C25及C30再生混凝土,分别编号为W55R70和W45R70,其坍落度均在130mm以上,且黏聚性、保水性较好。W55R70组混凝土水胶比为0.55,再生粗集料取代率为70%,其28d抗压强度为34.9MPa,抗折强度为4.5MPa。W45R70组混凝土水胶比为0.45,再生粗集料取代率为70%,其28d抗压强度为38.3MPa,抗折强度为5.4MPa。其中,W55R70组混凝土同时可用于配制U形排水沟预制件,可达到其C25强度等级要求。

(3)配制出符合技术指标要求的人字形骨架砌块再生混凝土,所配制的W55R70组再生混凝土抗压强度均值为34.9MPa,满足C25强度等级要求;干燥收缩率为0.048%,小于0.06%;快速碳化28d时碳化深度为6.32mm,碳化后抗压强度不降低,且提升18%;快冻法测试其抗冻性时,可保证冻融循环75次后抗压强度损失率不超过25%;软化系数0.86,大于0.8,满足人字形骨架砌块混凝土性能指标要求(设计强度等级C25)。

(4)试制成功用于沿线桥台等承重构件的C40再生混凝土,通过采用两阶段搅拌的搅拌工艺,经过对坍落度和抗压强度的反复测试,最终确定C40再生集料混凝土的基础配合比,所配制的再生集料混凝土水胶比为0.45,再生集料取代率为60%,坍落度达到125mm,且黏聚性保水性均较好,28d抗压强度达51MPa。通过掺入10%的煅烧磨细硅藻土取代水泥,进一步提升了再生集料混凝土力学性能和耐久性能,抗压强度提升25.7%,氯离子快速迁移系数D_{RCM}相降低41.7%,进一步保障了其在桥台等承重构件中服役的长期性能。依据抗压强度、动弹性模量、氯离子快速迁移系数的测试结果,煅烧磨细硅藻土相较于废弃助滤硅藻土对再生混凝土的改性效果更显著,在实际工程中开展桥台等承重构件再生混凝土的改性时,建议采用煅烧磨细硅藻土取代部分水泥(如10%)进行改性,以保障其服役时的力学性能和耐久性能。

第5章 建筑垃圾再生微粉泡沫轻质土制备技术

泡沫轻质土因其独特的轻质性、密度小、自流平、施工速度快、圬工规模小等众多优点被越来越多地应用与高速公路路基拼宽、软基换填、桥台背回填等工程实际中,目前多以水泥、粉煤灰作为固体胶凝材料。但是随着粉煤灰的应用范围拓广,粉煤灰单价逐渐走高,水泥价格也越来越高,制备泡沫轻质土的经济成本越来越高,众多专家开始研究水泥的替代品,采用红黏土、矿渣粉、轮胎粉等多种粉料替代水泥,以期能降低成本。本章在绿色低碳节能的基础上,利用建筑垃圾再生微粉替代粉煤灰,既促进建筑垃圾的应用,又能降低泡沫轻质土制备成本,对工程应用具有指导意义。

5.1 再生微粉泡沫轻质土制备技术

5.1.1 原材料选取及技术要求

(1)水泥。

水泥选用PO42.5普通硅酸盐水泥作为主要原材料,性能符合《通用硅酸盐水泥》(GB 175—2020)的技术要求,密度为3077kg/m^3,其主要性能指标为见表5.1-1。

路基施工湿密度要求　　　　　　　　表5.1-1

检测项目	比表面积(m^2/kg)	初凝时间(min)	终凝时间(min)	氯离子含量	3d抗压强度	3d抗折强度	备注
试验值	339	212	267	0.03	32.4	6.1	
规范值	≥300	>45	<600	<0.06	≥17.0	≥3.5	

（2）再生微粉。

在建筑垃圾再生集料加工处理过程中会产生大量粉尘，且产生量大，但利用率低，研究人员较少关注。关于再生微粉来源，目前多为从试验室制备角度出发，主要根据微粉原材料来源及特性分为三大类：第一类是仅由废混凝土经过加工制备得到的再生混凝土粉，一般活性不高；第二类是由废砖块制备而成的废砖粉，称为再生转粉，活性高于再生混凝土粉；第三类是由废混凝土块与废砖块再生混合料制备的混合类微粉，不区分原材料，一般直接命名为再生微粉。

对于再生微粉粒径范围，大多数认为建筑垃圾再生微粉是指粒径小于 0.15mm 或 0.075mm 的颗粒，也有部分研究认为再生微粉最大粒径可以扩大至 0.3mm。《混凝土和砂浆用再生细骨料》（GB/T 25176—2010）中在明确再生细集料中的微粉含量时，定义微粉含量是指再生细集料中粒径小于 75μm 的颗粒含量；《混凝土和砂浆用再生微粉》（JG/T 573—2020）中进一步明确，再生微粉是采用以混凝土、砖瓦等为主要成分的建筑垃圾制备再生集料过程中伴随产生的粒径小于 75μm 的颗粒。

本书利用再生微粉替代粉煤灰，再生微粉细度在参照《混凝土和砂浆用再生微粉》（JTG/T 573—2020）相关标准后，按《用于水泥和混凝土中的粉煤灰》（GB/T 1596—2017）中粉煤灰细度要求制备再生微粉，其中Ⅲ级粉煤灰细度（45μm 方孔筛余）为小于或等于 45%。

再生微粉采用粒径小于 4.75mm 的再生细集料，利用粉碎机进行研磨，如图 5.1-1 所示，并对不同研磨时间下的再生微粉 45μm 及 75μm 指标进行测试，并通过李氏瓶法测量再生微粉密度，如图 5.1-2 所示。不同研磨时间下再生微粉 45μm 筛余、75μm 筛余、比表面积、密度试验结果见表 5.1-2。将再生微粉细度试验结果绘制成曲线图，如图 5.1-3 所示，以便更加直观分析。

图 5.1-1　粉碎机照片

图 5.1-2　李氏瓶法测再生微粉密度

路基施工湿密度要求　　　　　　　　　　　表5.1-2

研磨时间 (s)	45μm筛余 (%)	75μm筛余 (%)	比表面积 (m²/kg)	密度 (kg/m³)
30	55.4	41.4	402.3	2636.04
60	43.53	28.96	405.6	2644.03
90	43.45	27.18	401.1	2613.47
120	44.41	27.03	403.5	2627.09
150	43.40	26.23	405.2	2618.17

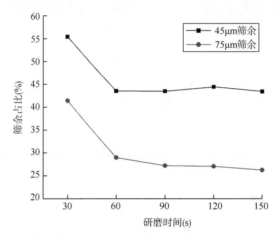

图5.1-3　路基施工湿密度要求

可以看出，随着研磨时间增加，再生微粉45μm及75μm筛余占比均逐渐减小，在研磨时间从30s增至60s时，筛余占比降低效果显著，超过60s后，随着研磨时间延长，再生微粉细度仍略有增加，但提高效果不显著，趋势逐渐平缓。研磨时间对再生微粉比表面积及密度影响不大，在研磨时间60s时，再生微粉比表面积及密度均略有提高，此后随着研磨时间延长，试验结果基本保持不变，影响不大。

基于研磨效果，在为提高微粉制备效率及考虑时间及经济成本的前提下，采用60s研磨时间制备的再生微粉开展接下来泡沫轻质土的制备工作。在后续试验过程中，为了减少粉碎机刀片磨损，将4.75mm细集料先过2.36mm筛子，去除陶瓷、塑料等杂质后，再进行研磨，制备再生微粉。

（3）发泡剂。

试验研发采用浓缩型高效水泥发泡剂，如图5.1-4所示。经试验测得泡沫密度、标准泡沫泌水率、湿密度增加率等主要性能指标见表5.1-3、表5.1-4。

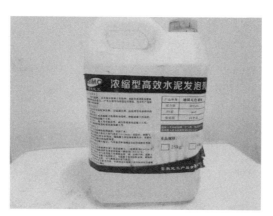

图 5.1-4 浓缩型高效水泥发泡剂

路基施工湿密度要求　　　　　　　　表 5.1-3

初始湿密度 (kg/m³)	湿密度(kg/m³)						湿密度增加率 (%)
	1min	2min	3min	4min	5min	6min	
895.7	917.8	928.6	930	935	936	937.7	4.69

发泡剂技术性能　　　　　　　　表 5.1-4

检测项目	稀释倍率	发泡倍率	泡沫密度	消泡试验	标准泡沫泌水率	备注
试验值	1∶40	969	41.3	4.69	1.03	
规范值	40~60	800~1200	30~50	<10%	≤20%	

(4)试验用水。

泡沫轻质土拌和用水采用试验室自来水,经量测试验室水温保持在 20℃ 左右,满足试验条件,水中含有杂质较少。

5.1.2 制备流程及方法

试验采用预制泡沫混合法制备泡沫轻质土拌合物,具体步骤如下:

(1)根据事先设计好的配合比,用电子天平分别称取一定量的水泥、再生微粉、水,将水泥与再生微粉先充分混合搅匀;再将水倒入搅拌筒内,使得水泥、水、再生微粉混合。为了保证搅拌效果,先进行手动初步搅拌,至混合物中不出现干块为止,然后进行开启搅拌机,第一次搅拌,搅拌时间不得少于 2min。

(2)按照 1∶40 的稀释倍率,分别量取 20L 的水和 0.5L 的发泡剂,加入发泡机中进行稀释,静置 1min 左右,使发泡剂与水充分混合;启动空气压缩机,混合液在压力的作用下引入空气,同时调整出泡阀门及送风阀门,保证泡沫质量均匀连续,产生大量稳定的泡沫,如图 5.1-5a)、b)所示。

(3)用电子天平立即称取一定量的泡沫,计算泡沫密度,若泡沫密度合格,则快速称取一定量的泡沫倒入搅拌机中,与水泥浆混合进行第二次搅拌,人工辅助用铲子从筒底往上不断翻搅,直至泡沫轻质土拌合物稳定均匀为止,搅拌时间不得少于 2min,如图 5.1-5c)、d)所示。

(4)泡沫轻质土拌合物搅拌均匀后,立即进行泡沫轻质土的流值、湿密度试验;将制备好的泡沫轻质土拌合物均匀倒入各种尺寸的试模内,并进行人工振捣,使其密实、刮平,如图 5.1-5e)、f)所示。

a)制备泡沫　　　　　　　　　　b)质量合格后称取相应质量泡沫

c)将泡沫加入搅拌筒中　　　　　d)与再生微粉、水泥混合物一起搅拌

e)搅拌均匀至表面不出现泡沫　　f)倒入试模中养生

图 5.1-5　再生微粉泡沫混凝土制备过程

（5）浇筑成型后,在自然环境中养护24h后拆模,在室内标准养生,达到所需设计龄期后再进行泡沫轻质土的力学性能和耐久性试验。

5.1.3 配合比设计方案

（1）关键技术指标取值选择。

①湿密度。

关于泡沫轻质土湿密度范围规定情况,《公路路基设计规范》(JTG D30—2019)规定,公路路基泡沫轻质土湿密度范围为500～1100kg/m³。《公路工程泡沫轻质土设计与施工技术规程》(T/CHCA 001—2021)与《公路路基设计规范》(JTG D30—2019)规定一致。《现浇泡沫轻质土技术规程》(CECS 249:2008)规定,泡沫轻质土湿密度不低于400kg/m³。《现浇泡沫轻质土路基设计施工技术规程》(TJG F10 01—2011)给出了纯水泥以及30%粉煤灰掺量配合比下不同公路等级条件下路基不同部位泡沫轻质土施工湿密度范围,具体见表5.1-5。

路基施工湿密度要求　　　　　　　　　　　　　　　　表5.1-5

配合比类型	路堤部位	距路面底面距离	施工湿密度 R_{fw}	
			高速公路、一级公路、城市快速路及城市主干道	二级公路、城市次干道及其他公路
纯水泥配合比	路床	0～0.8	600≥R_{fw}≥560	560≥R_{fw}≥530
	路堤	>0.8	560≥R_{fw}≥520	530≥R_{fw}≥500
掺30%粉煤灰配合比	路床	0～0.8	600≥R_{fw}≥570	580≥R_{fw}≥550
	路堤	>0.8	570≥R_{fw}≥540	550≥R_{fw}≥520

本书研究对象为再生微粉泡沫轻质土,参照各规范综合考虑,给予再生微粉泡沫轻质土配合比制备更多的发挥空间,探索再生微粉对泡沫轻质土性能的影响规律,取湿密度范围为400～1100kg/m³。

②流值。

流值是表征泡沫轻质土的流动性的关键技术指标,影响着泡沫轻质土制备效果与强度特性。各规范对流值的规定情况见表5.1-6。

路基施工湿密度要求　　　　　　　　　　　　　　　　表5.1-6

序号	规范名称	类别	流值范围(mm)
1	《公路路基设计规范》	行业标准	170～190
2	《公路工程泡沫轻质土设计与施工技术规程》	中国公路协会标准	160～200

续上表

序号	规范名称	类别	流值范围(mm)
3	《现浇泡沫轻质土技术规程》	中国工程建设协会标准	160~180
4	《现浇泡沫轻质土路基设计施工技术规程》	天津市地方标准	160~190

③无侧限抗压强度。

泡沫轻质土无侧限抗压强度参照《公路路基设计规范》(JTG D30—2019)中对高速公路、一级公路对路堤要求的强度标准,要求用于路基的泡沫轻质土无侧限抗压强度不低于0.6MPa。

(2)配合比设计计算方法。

①确定水泥浆配合比。

根据《现浇泡沫轻质土路基设计施工技术规程》(TJG F10 01—2011),考虑本项目掺入再生微粉取代一定比例的水泥,再生微粉泡沫轻质土配合比设计计算方法见式(5.1-1)~式(5.1-10)。水泥浆单方材料组成、湿密度等按下列公式计算。

$$Y = \frac{1}{M_c} \tag{5.1-1}$$

$$M_f = \frac{1}{1-a} M_c \tag{5.1-2}$$

$$M_w = \frac{1}{b(1-a)} M_c \tag{5.1-3}$$

$$R_L = M_c + M_w + M_f \tag{5.1-4}$$

$$Y = \frac{1}{b(1-a) \times 1000} + \frac{1}{\rho_c} + \frac{a}{(1-a) \times \rho_f} \tag{5.1-5}$$

式中:Y——单位质量水泥制备的水泥浆体积(m^3);

M_c——单方水泥浆中水泥的质量(kg/m^3);

M_f——单方水泥浆中再生微粉的质量(kg/m^3);

M_w——单方水泥浆中水的质量(kg/m^3);

R_L——单方水泥浆的质量,即水泥浆湿密度(kg/m^3);

ρ_c——水泥密度(kg/m^3);

ρ_f——再生微粉密度(kg/m^3);

a——水泥浆中再生微粉占固体质量的百分比,$a = M_f/(M_c + M_f)$;

b——水泥浆中单位质量水中包含固体的质量,即水固比 = 1:b。

②确定泡沫轻质土的配合比。

泡沫轻质土单方材料组成、气泡率计算方法按下列公式计算。

$$\lambda = \frac{R_L - R_{fw}}{R_L - \rho_a} \quad (5.1\text{-}6)$$

$$m_w = M_w(1-\lambda) \quad (5.1\text{-}7)$$

$$m_c = M_c(1-\lambda) \quad (5.1\text{-}8)$$

$$m_f = M_f(1-\lambda) \quad (5.1\text{-}9)$$

$$m_a = \lambda \rho_a \quad (5.1\text{-}10)$$

式中：m_a——单方泡沫轻质土中泡沫的质量（kg/m³）；

λ——泡沫轻质土气泡率，即泡沫体积占总体积的百分数；

R_{fw}——泡沫轻质土施工湿密度（kg/m³）；

ρ_a——泡沫密度。

（3）配合比设计方案。

目前在泡沫轻质土制备过程中最常用的粉料是粉煤灰，其制备技术相对成熟。根据相关规定，为了保证泡沫轻质土的基本性能，目前粉煤灰的最大掺量不超过30%。参照粉煤灰掺量，考虑纯水泥和掺入再生微粉两种工况，掺量按10%、20%、30%梯度考虑，结合文献调研及前期预试验测试，设置水固比变化梯度为1:1.7、1:1.8、1:1.9、1:2.0、1:2.1。根据上述配合比方案的设计步骤，经过计算，不同配合比设计方案见表5.1-7。

再生微粉配合比设计方案 表5.1-7

掺量（%）	水固比	各物质含量（kg/m³）			
		水泥	再生微粉	水	泡沫
0	1:1.7	360.33	0.00	211.96	27.71
	1:1.8	367.76	0.00	204.31	27.93
	1:1.9	374.68	0.00	197.20	28.13
	1:2.0	381.12	0.00	190.56	28.31
	1:2.1	387.15	0.00	184.36	28.49
10	1:1.7	324.34	36.04	211.99	27.63
	1:1.8	331.03	36.78	204.34	27.84
	1:1.9	337.26	37.47	197.23	28.04
	1:2.0	343.06	38.12	190.59	28.23
	1:2.1	348.49	38.72	184.39	28.40

续上表

掺量(%)	水固比	各物质含量(kg/m³)			
		水泥	再生微粉	水	泡沫
20	1:1.7	288.35	72.09	212.02	27.55
	1:1.8	294.29	73.57	204.37	27.76
	1:1.9	299.83	74.96	197.26	27.96
	1:2.0	304.99	76.25	190.62	28.14
	1:2.1	309.82	77.45	184.41	28.32
30	1:1.7	252.34	108.15	212.05	27.47
	1:1.8	257.55	110.38	204.40	27.68
	1:1.9	262.39	112.45	197.28	27.87
	1:2.0	266.91	114.39	190.65	28.06
	1:2.1	271.13	116.20	184.44	28.23

5.2 再生微粉泡沫轻质土物理力学性能研究

5.2.1 三大基本物理力学性能

工程实际应用过程中,泡沫轻质土三大技术指标为流值、湿密度、无侧向抗压强度,通过调整泡沫轻质土中水泥、再生微粉、水、泡沫掺量,分析再生微粉的掺入及其不同掺量对泡沫轻质土的流值、湿密度及无侧限抗压强度的影响规律,结合三项指标,给出再生微粉泡沫轻质土最佳配合比范围,探究再生微粉掺量上限,为再生微粉泡沫轻质土的制备及耐久性研究提供基础。

(1)流值。

流值是表征泡沫轻质土流动度的关键技术指标,是泡沫轻质土三大技术指标之一。试验步骤为:

①将平板表面、圆筒内外壁用湿抹布擦拭干净,并将圆筒置于平板上。

②向圆筒内轻轻倒入事先制备好的泡沫轻质土,至泡沫轻质土略高出筒口。

③刮平圆筒筒口,使泡沫轻质土料与筒口平齐,擦拭干净筒外壁及平板。

④轻轻将圆筒向高处提起,直至圆筒内所有样料落在平板上,并同时用秒表开始计时。此时,样料在平板上会形成圆饼状。

⑤当秒表计时达到1min时,用游标卡尺量测平板上的样料圆饼直径,沿互相垂直的两个方向分别量测(其中一个方向为最大直径方向),取其算术平均值作为本次流值试验结果。

流值测试过程如图5.2-1所示。

图5.2-1　流值测试过程

流值测试结果见表5.2-1,不同再生微粉掺量下泡沫轻质土流值变化规律如图5.2-2所示。

流值测试结果　　　　　　　　　　　　表5.2-1

再生微粉掺量 (%)	水固比				
	1∶1.7	1∶1.8	1∶1.9	1∶2.0	1∶2.1
0	200	194	191	181	177
10	222	190	179	175	171
20	217	203	175	167	159
30	212	207	184	171	167

由图5.2-2可以看出,再生微粉掺量和水固比对泡沫轻质土的流值影响较大,总体来看,同一掺量下,水固比越小,流值越小,流动性越差;由于混合浆液中固体颗粒越多,流动起来克服的颗粒间阻力越大,因此流值随着水固比的减小而减小。为了更直观地分析再生微粉掺量对泡沫轻质土浆体流值的影响,将试验结果重新整理,得出以再生微粉掺量为横坐标的曲线图,如图5.2-3所示。

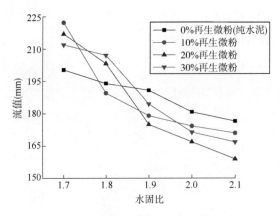

图 5.2-2　不同再生微粉掺量下流值变化(一)

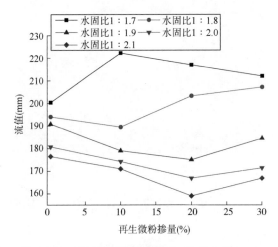

图 5.2-3　不同再生微粉掺量下流值变化(二)

不同水固比条件下影响规律不太相同,在水固比为 1∶1.7 时,流值受再生微粉变化影响显著,流值随着再生微粉掺量先迅速增大,后逐渐减小;超过 1∶1.8 后,流值随着再生微粉掺量变化规律基本同步,先逐渐降低再逐步提高。这是因为水固比较大时,混合浆液中水的含量多,水泥固体颗粒与再生微粉都悬浮在水中,水的质量大于水泥和再生微粉反应所需的需水量。随着再生微粉掺量的增加,泡沫轻质土流动性呈现下降趋势,这主要是由于再生微粉一般粒径分布在 30～100μm 之间,比表面积大于 $400m^2/kg$,比水泥颗粒更细,天然孔隙较大,在拌和过程中要比相同质量的水泥消耗更多的水分,再生微粉的掺入会增加泡沫混凝土拌合物的内摩擦阻力,降低拌合物的流动性,导致再生微粉取代率越高,增稠效果明显,显著降低泡沫轻质土流值。当再生微粉掺量从 20% 增加到 30% 后,流动性又有所提升。通过试验制备情况,推测原因是当掺量较大时,由于泡沫作用形成的孔隙更加均匀连续致密,独立性较好,彼此不连通,对于整个泡沫轻质土浆体来说就像数量巨大的"小滚轮",由此对泡沫轻质土的固体颗粒起到的润滑作用更加显著,一定程度上抵消了固体颗粒间的黏滞阻力,流动性提升。

(2)湿密度。

湿密度是泡沫轻质土制备完成后,液体流动状态下的单位体积重量。用固定体积的量筒测量泡沫轻质土的湿密度,湿密度按下式计算。

$$\rho = \frac{m_1 - m_0}{V} \tag{5.2-1}$$

式中:ρ——湿密度(kg/m³);

V——容器体积(cm³);

m_1——刮平后量筒质量(g);

m_0——空量筒质量(g)。

经过试验得到不同掺量、水固比条件下泡沫轻质土试验结果,整理得各个水固比下湿密度随再生微粉掺量增加曲线变化规律,如图5.2-4所示。

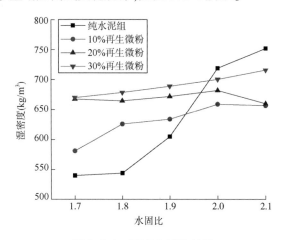

图5.2-4 湿密度试验结果

由图5.2-4可以看出:水固比及再生微粉掺量对泡沫轻质土浆体影响较大,纯水泥工况下,即再生微粉掺量为0时,泡沫轻质土浆体随水固比减小而增大,此时浆体中固体颗粒仅为水泥成分,反应仅为水泥的水化反应;随着水泥质量增加,水分减少,浆体湿密度必然会增大。

整体来看,用再生微粉替代一定比例的水泥,对泡沫轻质土浆体湿密度具有显著的提升效果,这种提升效果在水固比较大时明显,且随着再生微粉掺量增大,湿密度增大效率变缓。有文献研究表明,同样作为水泥替代品的粉煤灰在用于制备泡沫轻质土时,由于粉煤灰密度小于水泥密度,故降低了粉煤灰泡沫轻质土的湿密度。再生微粉密度虽然大于粉煤灰密度,但仍小于水泥密度,因此,对泡沫轻质土浆体的湿密度同样是起到降低的效果。因此,为了证实再生微粉掺入对泡沫轻质土湿密度的影响规律,以及是否会有显著的提升效果,以30%掺量为例,在每个水固比下开展3组平行试验,试验结果如图5.2-5所示。

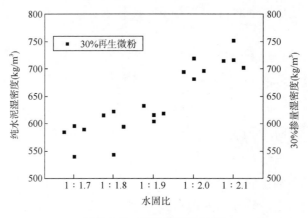

图 5.2-5 湿密度试验结果

在同一组配合比设计方案下,试验结果受泡沫制备质量、环境、试验人员的等因素扰动,虽有上下浮动,但不影响湿密度随水固比减小变化的规律性。由图5.2-5可以看出,掺入微粉降低泡沫轻质土浆体湿密度后,随着水固比的减小,浆体湿密度增大。但是当水固比减小到1:2.0时,再生微粉浆体泡沫轻质土湿密度小于纯水泥泡沫轻质土浆体密度。推测原因是再生微粉中活性成分与水泥发生化学反应后,生成固体胶凝产物,使得浆体固体质量增大。当增大到某一水固比时,水分含量相对减少,固体颗粒绝对质量增加,此时再生主要发挥作用的是水泥成分,水泥对浆体湿密度的增加起主要作用。

图 5.2-6 7d 无侧限抗压强度测试

(3)无侧限抗压强度。

无侧限抗压强度是衡量泡沫轻质土应用效果的最关键技术指标,一般为 100mm × 100mm × 100mm 试块在无侧限条件下所能承受的最大轴向压应力,其力学性能直接关系到路基承载力的好坏。泡沫轻质土无侧限抗压强度参照《公路路基设计规范》(JTG D30—2019)中对高速公路、一级公路对路堤要求的强度标准,要求用于路基的泡沫轻质土无侧限抗压强度不低于 0.6MPa。7d 无侧限抗压强度测试如图 5.2-6 所示。

测定配合比设计方案中再生微粉泡沫轻质土

7d 及 28d 龄期无侧限抗压强度,不同再生微粉及不同水固比条件下试样无侧限抗压强度曲线变化规律分别如图 5.2-7、图 5.2-8 所示。

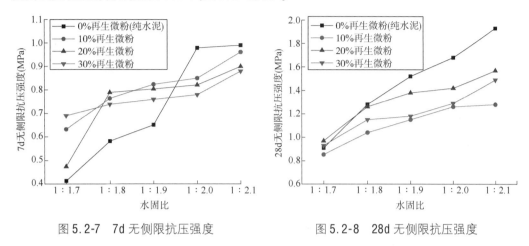

图 5.2-7　7d 无侧限抗压强度　　　　图 5.2-8　28d 无侧限抗压强度

由图 5.2-7、图 5.2-8 可以看出,当水固比较大时,水分会降低浆体的稠度,增加连通孔隙和大孔的数量,形成封闭光滑的孔结构,孔隙率增加,导致气孔壁变薄,密实度降低,此时强度值较低。当水固比相对较小时,浆体的稠度相对较高,较大的摩擦阻力会导致泡沫变形和破裂,孔隙率较低,此时强度较高。

随着龄期增加,泡沫轻质土的无侧限抗压强度大幅增长。养生龄期为 7d 时,无侧限抗压强度值主要在 0.4~1.1MPa 之间;养生龄期增大到 28d 时,无侧限抗压强度值主要在 0.8~2.0MPa 之间,基本提升了一倍。这是因为随着养生龄期变长,蒸发一定水分,含水率变低,泡沫轻质土结构越来越致密稳定,强度提高。随着时间延长,再生微粉中的活性组分与水泥水化反应越完全,因此,随着养生龄期的延长,无侧限抗压强度值迅速提高。7d 龄期时,在水固比为 1∶1.7、1∶1.8、1∶1.9 等较小值时,掺入再生微粉泡沫轻质土无侧限抗压强度均大于纯水泥组,这说明再生微粉的掺入能有效提高泡沫轻质土的早期强度。而当龄期增加到 28d 后,可以看出,纯水泥组强度值大于再生微粉组强度值,且随着水固比的减小,纯水泥组与掺再生微粉之间泡沫轻质土的强度差值越大。说明后期主要由水泥发生水化反应,而再生微粉中 SiO_2 和 Al_2O_3 等活性氧化物已反应完全,对泡沫轻质土整体强度的贡献有限。再生微粉的掺入能有效提高泡沫轻质土早期强度,因此在快速施工、早期强度要求高的工程中,可掺入适量再生微粉,具有良好的工程效果。

5.2.2　CBR 路用性能

通过文献调研,浸水条件下 CBR 值与非浸水条件下 CBR 值相差很小,浸水环境对泡沫轻质土的 CBR 值几乎没有影响。因此为了节省试验周期,探究不同掺量 30%、不同水固比的泡沫轻质土的 CBR 强度的影响,测得的 CBR 强度结果如图 5.2-9 所示。

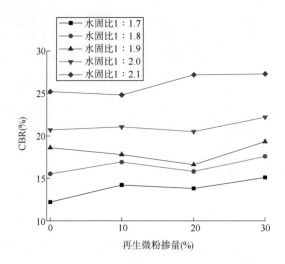

图 5.2-9　不同水固比下干密度变化规律

由图 5.2-9 可知:作为一种新型的公路路基填料,泡沫轻质土的 CBR 值较大,远大于《公路路基设计规范》(JTG D30—2019)中对路基填料最小承载比的要求,足够满足泡沫轻质土作为路基填料最小强度的要求。水泥材料自身形成的强度与胶结力的存在,使其整体刚度较高,抵抗局部荷载压入的能力较强。从试验结果可以看出,现浇泡沫轻质土试件垂直应力与最大剪应力并不存在正相关的关系,而是随着垂直应力的增加,最大剪应力先增大后减小。现浇泡沫轻质土内部是多孔隙结构,在剪切面形成后,面上的孔隙之间在垂直的压力下会产生一定的嵌挤作用,加上材料之间的摩擦力,使其具有较大的残留摩擦抵抗力。所以在实际使用时,即使有裂缝发生,由于在垂直应力作用下,有最大剪应力 70% 以上的摩擦抵抗力存在,现浇泡沫轻质土仍具有一定抗剪能力,不至于发生急剧的变形。

5.3　再生微粉泡沫轻质土耐久性能研究

在南方多雨地区,由于降雨和地下水水位的变化,路基会长期处于水的环境中,并且受到水的侵蚀作用,路基强度会受到一定的影响,甚至会造成沉陷和翻浆等公路病害。因此,为了确保整个公路工程具有较好的使用寿命和耐久性能,就要求路基应具有较好的水稳定性。水稳定性是指路基受水侵蚀后,抵抗水的作用对其性能产生不利影响的能力,一般用水稳定系数表征。水稳定系数越大,说明路基的水稳定性越好。泡沫轻质土用作公路路基填料时,在工程建设和运营期间,不可避免地会与水接触,受到雨水的侵蚀和地下水水位变化的影响,因此要求泡沫轻质土应具有较好的水稳定性。由于泡沫轻质土是一种多孔隙材料,内部大量孔隙的存在是否会对其水稳定性产生更不利的影响,需要进行进一步的研究。此外,泡沫轻质土在水侵蚀作用下性能的好坏,将直接影响到其在南方多雨地区的应用性和适用性。因此,开展泡沫轻质土水稳定性的研究十分必要,尤其是将泡沫轻质土应用于多雨区路基的填筑。

在季节性冰冻地区或多年冻土地区,由于水温的变化,路基会受到周期性冻融作用,路基强度会显著下降,甚至会造成冻胀与翻浆等公路病害。因此,为了确保整个公路工程具有较好的使用寿命和耐久性能,就要求路基应具有较好的冻融稳定性能。冻融稳定性能就是指路基抵抗周期性冻融作用对其性能产生不利影响的能力,通常采用冻融稳定系数表征。冻融稳定系数越大,说明路基的冻融稳定性能越好。泡沫轻质土作为一种新型的公路路基填料,由于其结构的特殊性,内部含有大量的孔隙是否会对其冻融稳定性能产生更不利的影响,值得进行进一步的研究。此外,泡沫轻质土在周期性冻融作用下性能的好坏,将直接影响到其在季节性冰冻地区和多年冻土地区的应用性和适用性。

泡沫轻质土作为一种新型的公路路基填料,在实际工程应用中,会受到许多外界因素的长期作用,比如干湿循环作用、冻融循环作用等,以及泡沫轻质土作为一种多孔材料,其在浸水条件尤其是长期浸水条件下的长期强度特性,目前研究较少。因此,亟须将泡沫轻质土的疲劳性能、水稳定性以及冻融稳定性能等统称为泡沫轻质土的耐久性,采用耐久性评价在不同外界因素作用下泡沫轻质土力学性能的稳定性。

5.3.1 试验方案

选取30%掺量,探究不同水固比条件在干湿循环、冻融循环及长期浸水条件下试验结果。具体试验方案见表5.3-1。

再生混合料试验设计方案　　　　　表5.3-1

再生微粉掺量(%)	干湿循环试验次数	冻融循环试验次数
30	0、1、2、3、4、5	0、5、10、15

5.3.2 试验方法

(1)干湿循环试验。

干湿循环试验先将试样烘干至干状态,利用烘箱将试样烘干至恒重;然后开始干湿循环,增湿过程通过完全浸水,使得试样充分饱和,因为泡沫轻质土试块为100cm×100cm×100cm,试块体积较小,通过试验前测试及文献调研,在干燥和增湿过程中每间隔2h左右称取试块质量,当两次质量增加不超过0.2%时,认为试样接近饱和。试样干燥过程利用烘箱烘干,采用同样的方法,当试样质量不再发生变化时,认定完成了一次干燥过程。增湿浸水过程为浸水12h,在(60±2)℃烘干时间为12h。循环次数为设置为0次、1次、2次、3次、4次、5次。在试验过程中发现,由于泡沫轻质土试块较轻,在水中会浮起来,因此参照《蒸压加气混凝土性能试验方法》(GB/T 11969—2020)中试块浸水方法,将试块放入水槽内,加水至试块一半高度,浸水2h左右,让泡沫轻质土吸收一定水分,增加一定重量后,再加水至试块顶面30cm处,在此过程中,试块在水中仍然会浮起来,在试块顶部上覆一定质量的重物压住,以保证试样充分浸水饱和。试样浸水至一半过程如图5.3-1所示。

图5.3-1 试样浸水至一半高度保持一段时间

(2)冻融循环试验。

冻融循环试验冻胀过程通过冰柜实现,最低温度达到-16℃,试样融沉过程采用浸水。经过试验测试,确定试样冻胀时间为8h,浸水时间24h。循环次数为设置为0次、5次、10次、15次。冻胀完试样如图5.3-2所示。

图 5.3-2　经历完冻胀试样

5.3.3　干湿循环试验结果分析

在 30% 再生微粉掺量下，泡沫轻质土不同水固比。不同干湿循环条件下试块质量变化规律如图 5.3-3 所示。

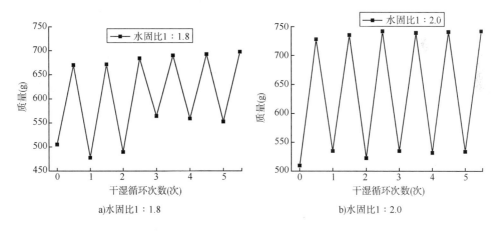

a)水固比 1∶1.8

b)水固比 1∶2.0

图 5.3-3　水固比 1∶1.8 和水固比 1∶2.0 试块干湿循环条件质量变化规律

泡沫轻质土处于水环境中时，水分会在其表面吸附并扩散进入材料内部孔隙，并在孔壁上形成吸附层进而扩散深入孔隙内部，增加整体重量。由图 5.3-3 可以看出，在水固比 1∶1.8 条件下，试块干湿循环质量变化幅度大，在第一次天然状态浸水饱和至烘干后，质量小于天然状态，这是因为烘干后将天然状态的水分进行烘干，试块质量降低。当完成第二次干湿循环后，试块质量开始降低，并在第三次干湿循环后，试块质量骤降，通过观察其试样过程变化,一是经过三次干湿循环后,试块有一角出现轻微掉块,同时试块在经过反复干湿循环后,试块孔隙变大,变得有点疏松,因此试块质量降低。对比水固比1∶2.0条件下,可以发现,干湿循环作用下,水固比1∶2.0比水固比1∶1.8条件下试块质量变化稳定,且未出现试块边角剥落现象。这是因为随着水固比的减小,泡沫轻质土中的孔隙小而均匀,整体结构较为致密,在水分环境作用下,抵抗水分浸入的能力更强。

整理不同水固比试块在干湿循环条件下无侧限抗压强度变化见表5.3-2。

干湿循环前后不同水固比无侧限抗压强度变化　　　表5.3-2

序号	水固比	28d 无侧限抗压强度（MPa）	干湿循环5次后无侧限抗压强度（MPa）	降低幅度（%）
1	1∶1.7	0.93	0.67	27.96
2	1∶1.8	1.15	0.92	20.00
3	1∶1.9	1.18	0.98	16.95
4	1∶2.0	1.29	1.16	10.08
5	1∶2.1	1.49	1.36	8.72

可以看出,干湿循环造成了泡沫轻质土无侧限抗压强度不同程度的折减,且随着水固比减小,干湿循环后无侧限抗压强度降低幅度逐渐减小,在超过1∶2.0后,降幅逐渐稳定。泡沫轻质土内部富含大量的气孔,在干湿循环作用下,其土体自身和内部孔隙中的水分受环境稳定的影响会发生较大的改变,干湿循环产生的应力会不断破坏泡沫轻质土的内部气孔壁,故泡沫轻质土的无侧限抗压强度在干湿循环作用下会降低。当泡沫轻质土的水固比减小时,其内部水泥相对含量增加、相应的孔隙减少,土骨架也就越紧密,则泡沫轻质土抗干湿开裂的能力就越强。因此,水固比越小时,泡沫轻质土的无限抗压强度损失率就越小,即降低幅度越小。

5.3.4　冻融循环试验结果分析

在30%再生微粉掺量下,泡沫轻质土水固比1∶1.8和1∶2.0下在冻融循环条件下试块质量变化规律如图5.3-4所示。

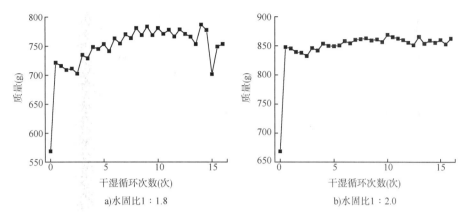

图 5.3-4 水固比 1∶1.8 和水固比 1∶2.0 试块冻融循环条件质量变化规律

由图 5.3-4 可以看出,在水固比 1∶1.8 条件下,试块冻融循环质量呈逐渐增大趋势,而后逐渐平缓,土中突然陡降的点,是因为试块边角被冻碎。在水固比 1∶2.0 条件下,冻融循环作用下,水固比 1∶2.0 比水固比 1∶1.8 条件下试块质量变化比较稳定,且未出现试块边角剥落现象。这是因为随着水固比的减小,泡沫轻质土中的孔隙小而均匀,整体结构较为致密,在温度环境变化作用下,性能更稳定。

整理不同水固比试块在干湿循环条件下无侧限抗压强度变化见表 5.3-3。

不同水固比无侧限抗压强度变化　　　　表 5.3-3

序号	水固比	28d 无侧限抗压强度（MPa）	冻融循环 15 次后无侧限抗压强度（MPa）	降低幅度（%）
1	1∶1.7	0.93	0.58	37.63
2	1∶1.8	1.15	0.76	33.91
3	1∶1.9	1.18	0.82	30.51
4	1∶2.0	1.29	1.02	20.93
5	1∶2.1	1.49	1.25	16.11

冻融循环造成了泡沫轻质土无侧限抗压强度的降低,并且其冻融稳定系数随着水固比的增大而逐渐增大。泡沫轻质土是一种新型的多孔材料,在冻融循环的过程中,受环境温度的影响,其土体自身和内部孔隙中的水的含量和形态均发生了较大的变化,在泡沫轻质土内部产生温度应力。冻融循环产生的这种应力会不断地破坏泡沫轻质土内部的气孔壁,较薄的气孔壁若不足以抵抗这种应力就会发生破裂,气孔之间就会逐渐连通,从而导致泡沫轻质土的无侧限抗压强度在冻融循环作用下会逐渐降低。当泡沫轻质土

的水固比增大时,其内部水泥相对含量增加、相应的孔隙减少,土骨架也就越紧密,则泡沫轻质土抗冻融开裂的能力就越强,因此,泡沫轻质土的无侧限抗压强度损失率随着水固比的减小而逐渐减小,冻融稳定性系数则逐渐增大。同时从表5.3-3中可以看出,仅有在水固比1∶1.7时,经过冻融循环后,无侧限抗压强度降低至0.6MPa以下,其他水固比经过冻融循环后仍然在0.6MPa以上,满足路基填料的要求。

5.4 本章小结

本章在室内试验基础上,对再生微粉泡沫轻质土的物理力学性能、路用性能及长期耐久性能进行了较为系统的试验研究,取得了一定的试验成果。但由于泡沫轻质土是一种新型的人造材料,其工程特性的影响因素众多,受时间和条件的限制,更多更深入的成果有待作进一步的研究和探讨。

(1)通过对4.75mm以下再生细集料粉碎研磨制备再生微粉,设置不同研磨时间,对比细度、比表面积、密度等关键技术指标,得到合理的研磨时间为60s,再生微粉具有较好的技术性能,满足制备要求。

(2)基于泡沫轻质土配合比设计原则,通过控制再生微粉掺量及水固比大小,观察泡沫轻质土力学性能变化规律,掺入再生微粉能有限改善泡沫轻质土的流动性能,降低流值,在掺量上升至30%时,流值又有所回升。水固比较大时,掺入再生微粉能提高泡沫轻质土浆体湿密度,掺入量越大,提高效果越明显,但提高速度变缓。相对应地,掺入再生微粉能在水固比较大时提高试块7d无侧限抗压强度、28d无侧限抗压强度,水泥作用优势凸显,纯水泥泡沫轻质土强度高于掺再生微粉泡沫轻质土。

(3)以30%掺量为例,开展再生微粉泡沫轻质土在干湿循环及冻融循环作用下的无侧限抗压强度试验。受温度压力及水环境影响,干湿循环及冻融循环对无侧限抗压强度均有一定的折减作用。但除了水固比1∶1.7时,冻融循环后无侧限抗压强度低于0.6MPa,其他组在完成循环后强度依然满足路基填料大于0.6MPa的要求。

(4)总体来看,泡沫轻质土力学与强度特性受再生微粉掺量及水固比综合影响。当再生微粉掺量为10%、20%时,水固比配合设计方案可选范围更大,推荐选用水固比1∶1.8~1∶2.1,当掺量为30%时,考虑掺量越大对泡沫轻质土28d无侧限抗压强度折减越大,因此尽量选用水固比较高的配合比设计方案,增加水泥固体颗粒质量,推荐选用水固比1∶2.0~1∶2.1。

（5）本书仅针对掺入再生微粉进行配合比设计方案的调整和优化，来探究满足工程技术要求的配合比设计范围。为了进一步提高泡沫轻质土的抗压强度，改善其性能，建议可在下一步研究中考虑掺入纤维、化学改良剂等进一步改良提高泡沫轻质土强度，制备出既轻质又高强的泡沫轻质土。

第6章 建筑垃圾路基填料施工质量控制与工程应用实践

6.1 工程概况

某城市快速干线新建项目位于湖北省荆州市中心城区北侧,规划为城区交通主轴线,东西走向,全长23.9km,按城市快速路标准设计,主路双向六车道,辅路双向四车道,地面快速路段、分离式跨线桥段道路红线宽度为70m,开发区高架桥段道路红线宽度为60m,平行匝道段道路红线宽度81m。主路设计速度为80km/h,辅路、匝道设计速度为40km/h。经过调查,沿线主要为一、二级阶地粉质黏土,层间夹有黏土,含高岭土,该层具有吸水膨胀、失水收缩等特性,裂隙发育,是一种典型的膨胀土底层,具有弱~中膨胀性。

工程建设受到水文地质等环境影响,道路主要以路堤方式为主,路堤填挖不平衡,全线土石方基本以借方为主,而工程区沿线取土困难,基坑及路基开挖形成的土方由于具有弱膨胀性,不可以直接填筑,形成弃土总方量354.6万m^3,而道路总填方需要购土496.7万m^3,见表6.1-1。道路线位穿过荆州城郊区,涉及沿线大量的民房拆迁(拆迁面积达52.6万m^2),将产生大量的建筑垃圾,建筑垃圾外运及堆放会产生大量费用,同时对环境带来巨大污染。因此,通过室内研究与现场研究相结合的手段,对建筑垃圾路用性能展开研究,通过控制建筑垃圾级配及施工技术参数,合理将其应用于路基填土,达到变废为宝的效果,总体期望达到利用开挖土方262.2万m^3,利用建筑垃圾60万m^3的目的。

道路土石方总量一览表(施工图土方) 表6.1-1

位置	项目	道路土石方总量(万m^3)
道路土方工程	挖方及运输	11.8
	填方	187.4
	购土	203.6

续上表

位置	项目	道路土石方总量(万 m³)
道路清表回填	清表土及运输	63.0
	回填	63.0
	购土	72.5
杂填土挖除换填	杂填土及运输	124.9
	填方	124.9
	购土	143.7
路床处理	挖方及运输	53.0
	填方(砂砾)	76.9
管廊基坑开挖	基坑开挖土方外运及堆放	101.9

6.2 工程地质概况

6.2.1 地形地貌

荆州市位于扬子准地台区,属新华夏系第二沉降带江汉盆地的江陵凹陷,在白垩纪至早第三纪为巨厚的内陆湖相堆积。凹陷无统一的沉降中心,构造幅度大、断层多且断层落差大,结构也较复杂。江陵凹陷走向北西、北西西,呈开阔复式向斜,由关沮口—清水口向斜带、中央背斜带(复兴场、沙市、资福寺背斜)和虎渡河—资福寺向斜带(虎渡河、资福寺向斜)组成。江汉凹陷周边控制性断裂主要为宜都—监利断裂和石首断裂。宜都—监利断裂西起松滋西北,向东南到监利一带,走向北西;石首断裂为江汉凹陷与华容隆起的分界断裂,走向近东西,长约60km。第四纪全新世以来无明显活动,其对本工程影响较小。

近期以来,区域内新构造运动主要变现为以沉降为主的间歇性向斜升降运动,基底构造控制了市区晚第三纪和第四纪的沉积,根据其构造运动的性质、幅度的差异性,工程区地处断隆区小型构造单元。

6.2.2 地层岩性

工程区路基最大勘探深度 20.5m,揭露地层主要为第四系地层,包括第四系全新统人工填土层(Q_4^{ml})、第四系全新统冲积层(Q_4^{al})、第四系上更新统冲积层(Q_3^{al})、第四系上更新冲洪积层(Q_3^{al+pl})等 4 个主要地质地层。

(1)第四系全新统人工填土层(Q_4^{ml})。

主要有杂填土与素填土两种,层厚 0.5~5.2m。杂填土,杂色、松散、稍湿,上部主要由混凝土、砖块建筑垃圾组成,下部主要由粉质黏土组成;素填土,灰褐色,久压实,主要由粉质黏土构成,为筑路或建筑回填而成。

(2)第四系全新统冲积层(Q_4^{al})。

主要有粉质黏土与淤泥质粉质黏土等地层,其中粉质黏土层厚 0.8~7.6m,灰褐色,湿,软可塑状,土质不均匀,局部间夹粉土或粉砂;淤泥质粉质黏土,层厚 1.5~10.5m,灰色、灰褐色,流塑至软塑状,含淤泥质成分,有腐味。

6.2.3 区域水文地质

(1)地表水。

本分部沿线分布的地表水主要为水塘环境水及豉湖渠水系,地表水水量丰富,其主要来源为大气降水入渗补给,以蒸发排泄为主,补、排条件良好。勘察期间测得豉湖渠水面高程 26.90m,渠宽约 25.0m。

(2)地下水。

沿线地下水类型主要为上层滞水和承压水。上层滞水主要赋存于填土中,其水量小,受大气降水及地表水入渗补给,以垂向径流、渗透及蒸发为主,该水位无统一水面;承压水赋存于深部的粉砂夹粉土、粉、细砂及圆砾、卵石层中,主要接受长江及邻近含水层侧向补给,与区域强透水性承压含水层连通,水量丰富,沿线承压水水头自西向东呈水力坡降。承压水水头呈年度周期性变化,主要受季节性影响,且随长江水位变化而变化,一般每年 1、2、3、4、5、10、11、12 月为地下水枯水期,水位低,地下水流向由北至南;而 6、7、8、9 月为丰水期,尤其 7、8 两月正值长江汛期高水位期,地下水位亦较高,地下水流向则由南至北。路基上层滞水水位埋深 0.3~0.7m,对应高程 26.92~30.31m,承压水稳定水位埋深 0.7~4.7m,对应高程为 24.85~26.83m。据已有的水文地质资料,城北快速路(引江济汉渠—上海大道)四、五标段近3年承压水水位年平均变幅为1.5~2.0m。

据场地附近湖北省水文地质工程地质勘察院监测孔2007年长期观测资料,2007年最低水位为26.63m;最高水位为30.22m,年变幅3.59m。其历史最高水位为:1998年丰水年长江沙市段最高水位为45.22m,场地承压水最高水位36.53m。2007年场地承压水水位年变化趋势与长江水位相对关系如图6.2-1所示。

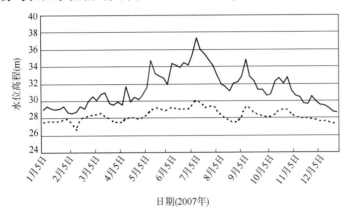

图6.2-1　2007年场地承压水水位年变化趋势与长江水位相对关系图

6.3　建筑垃圾再生材料填筑路堤方案设计

6.3.1　建筑垃圾再生材料应用方案

建筑垃圾再生材料填筑路堤的应用方案示意图如图6.3-1所示。路堤拟采用建筑垃圾填筑、路床采用建筑垃圾+3%的缓凝32.5级水泥改良填筑。建筑垃圾再生材料填料要求见表6.3-1。

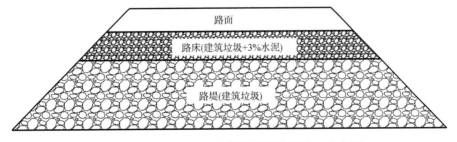

图6.3-1　建筑垃圾再生材料填筑路堤应用方案图

建筑垃圾再生材料填料要求　　表6.3-1

分类	路面底面以下深度（m）	材料类别	填料最小强度要求CBR(%)	压实度(%)
上路床	0~0.3	Ⅰ类	8	≥96
下路床	0.3~0.8	Ⅰ类	5	≥96
上路堤	0.8~1.5	Ⅱ类	4	≥94
下路堤	1.5以下	Ⅱ类	3	≥93

6.3.2　水泥改良建筑垃圾再生材料对路床的影响

为了保证建筑垃圾再生材料填筑路床的质量,提高路床的强度等力学性能及水稳定性,确保路床能够满足各项工程指标要求,在用于填筑路床的建筑垃圾再生材料填料中掺加3%的缓凝32.5级水泥。试验中采用的水泥含量为2.5%,为了避免施工过程中水泥的损耗和确保施工质量,所以施工时将水泥掺量增加到3%。水泥改良后由于集料之间黏结力的增大,能够有效连结形成整体,避免干湿循环过程中孔隙增加、细颗粒的流失,减缓建筑垃圾再生材料的塑性变形增大,提高建筑垃圾再生材料的强度等力学性能及水稳定性。因此,水泥改良的填料用于填筑路床,能够有效地增加路床的强度等各项力学性能及水稳定性。

6.3.3　路基防排水设计

（1）多雨潮湿地区路基的病害。

在南方潮湿多雨地区,河流水系等比较发达,地下水位比较高。尤其是在雨季,雨水过多,地表排泄不及时造成积水。此外,由于雨水的补充,地下水位也会升高,雨水会增加路基填料的含水率,对路基的冲刷也比较严重。

降雨量大且持续时间较久,雨水冲刷路基边坡产生沟槽,在长期冲刷和过湿环境下路基最终会产生滑坡坍塌破坏。雨水渗入路基,会降低路基土体的材料强度,造成路基弹性模量和承载力降低,路基的沉降也会因此增大,对路基、路面造成破坏。当路基含水率分布不均匀时,路基就会产生不均匀沉降和变形等破坏,进而会导致路面的不均匀沉降,造成路面的开裂等路面灾害。路基强度的降低也会造成路基边坡的坍塌和滑坡等破坏。

由于路基填土低,地下水位高,路堤大部分高度不能使路基保持中湿状态的临界高度,当路堤填筑完成后,毛细水会上升至路基的工作区,使路基含水率增大,造成路基强度降低;在行车荷载作用下,路基沉降变形加大,会进一步导致路面开裂、翻浆等病害。

此外,在雨季雨水、地下水渗入路堤,使路堤土体强度降低的同时,水流还产生了渗流力,在渗流力的作用下,路堤土体中细颗粒被冲出、带走或局部土体移动,也会导致路基强度降低,产生沉降和变形。在旱季,虽然路基土体在干燥情况下强度得以加强,但就是因为这不断的干湿循环导致土体内的裂隙不断产生、发育,造成路基土体进一步流失,导致路堤强度降低、变形增大,最终引发路堤的失稳破坏。

因此,在设计建筑垃圾再生材料填筑路堤水稳定性方案时,通过对建筑垃圾再生材料路基的填筑材料的改良和路基结构的进一步设计和优化,可增强路基防、排水功能及建筑垃圾再生材料混合料的强度和水稳定性。此外,还可以给路基增加反滤功能,使水流通过,从而有效地截流土颗粒、细沙、小石料等,以保持水土工程的稳定,最终增强路基整体的强度和水稳定性。

(2)水对路基稳定性影响的评价。

①路基干湿类型。

拟建道路路基干湿类型主要由路基相对高度与对应的临界高度之间的关系来判别。依据《公路自然区划标准》(JTJ 003—86)判定本地区自然区划属长江中游平原中湿区(Ⅳ V3),故依据《城市道路路基设计规范》(CJ 194—2013)附录 A 确定路基的临界高度 H_1、H_2、H_3 分别为 1.5～1.7m、1.1～1.2m、0.8～0.9m。因路面设计高程基本与现状高程持平,上层滞水水位埋深 0.3～1.5m,则路基相对高度 H 多小于 0.8m,故路基干湿类型可判断为过湿。

②地表水对路基稳定性评价。

工程部分段落无水塘及沟渠分布,无地表水分布,仅在雨季存在少量地表水,其地表水对该段路基影响较小。而有些段落沟、塘、渠水系发育,地表水水量丰富,对路基稳定性有一定影响,路基施工前可进行抽水清淤处理。

③地下水对路基稳定性评价。

受场地地势条件及气候影响,沿线浅层分布的上层滞水虽水量不大,但考虑到沿线道路路基为填方路基,地下水水位受气候环境影响明显,地下水位变化使填土路基土体膨胀或收缩,从而影响路基沉降,对路基稳定性不利,则须采取相应的处理措施。考虑到路基以下相对隔水层分布有一定厚度,承压水对路基稳定性基本无影响。

(3)防止地下水、毛细水对路基影响的措施。

根据不同工区的工况,地下水位较高时,需要降低地下水位及截断流向路基的地下水。如果不对地下水进行防排处理,地下水会对建成后的路基及其基底产生软化等不良影响,影响路基稳定性。因此,需要在填筑路基之前对地下水进行防排水处理,在路堤两侧修筑渗沟以降低地下水位。渗沟适用于地下水埋藏浅或无固定含水层的地层,形式分为洞式渗沟、填石渗沟、管式渗沟,根据工况的不同加以选择,三种渗沟均应设置反滤层(避免土壤流失)、封闭层。渗沟基底应埋入不透水层,沟壁的一侧应设置反滤层汇集水流,另一侧用黏土夯实或浆砌片石拦截水流。如沟底不能埋入不透水层,两侧均应设置反滤层(可以选用填较细颗粒的粒料,例如中砂、粗砂等作为反滤层或者土工布)。渗沟顶部应设置封闭层,封闭层宜采用浆砌片石或干砌片石水泥砂浆勾缝。渗沟底部应设置最小0.5%的坡度,以方便排水。当排水渗沟难以满足降低地下水位时,还可以在基底下增加纵向和横向渗沟。此外,还需要隔断毛细水上升,避免毛细水对路基造成影响。目前,针对阻隔毛细水提出两种方案:

方案一:在路基底部设置防渗土工布,两布一膜。防渗土工布具有隔水性,能够有效地防止毛细水上升浸入路基,保证路基不受毛细水的影响。防渗土工布具有良好的导水性能,在铺设防渗土工布时向两侧设置一个4%的横坡,可以在基底形成排水通道,使降水排出路基。此外,防渗土工布可以有效地将集中应力扩散,可以有效地治理软弱地基,提高地基承载力。铺设防渗土工布时,注意用细土找平,土工布不要铺设太紧,最后再在铺设好的防渗土工布上铺筑20cm的砂砾垫层作为过渡、保护层,如图6.3-2所示。

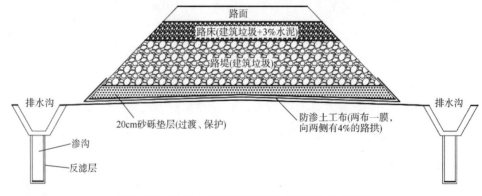

图6.3-2 防渗土工布处理地下水、毛细水方案图

方案二：在路基底部铺筑 50cm 的砂砾垫层，砂砾垫层由于具有较大的孔隙，当毛细水上升到砂砾垫层时，砂砾垫层可以有效地隔绝毛细水的上升。铺筑砂砾垫层时，在其顶底部向两侧设置一个 4% 的横坡，以利于向两侧排水。砂砾垫层还可以起到应力扩散、提高软弱地基承载力的作用，此外砂砾垫层良好的排水效果还可以加速软弱地基的固结，如图 6.3-3 所示。

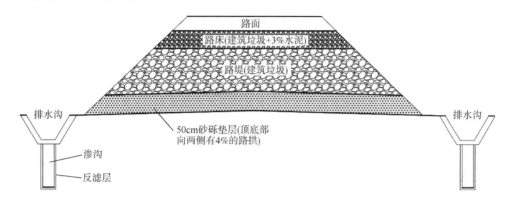

图 6.3-3　砂砾垫层处理处理地下水、毛细水方案图

（4）防止地表水、雨水对路基影响的措施。

在填筑路基之后对地表水、雨水进行防排水处理，可以在路堤两侧修筑挡水结构，例如挡水埂，截断流向路基的地表水，并在路堤两侧修筑排水沟，对路基周边雨水、地表水进行排水。路面结构可以作为路基顶部的防水结构层，防止地表水、雨水渗入路基。此外，针对路基坡面防雨水渗入提出两种方案（每种方案有两种形式）。

方案一：为了防止雨水从路基边坡渗入路基，在路基边坡两侧采用防渗土工布铺设在路基边坡坡面上，防渗土工布可以有效地防止雨水渗入路基，保持路基稳定性，如图 6.3-4、图 6.3-5 所示。在铺好的防渗土工布外层还需铺筑一层土料，避免防渗土工布受到暴晒侵蚀等因素造成的老化、破损等问题。

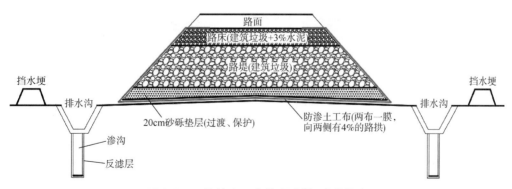

图 6.3-4　防渗土工布处理边坡、路基基底

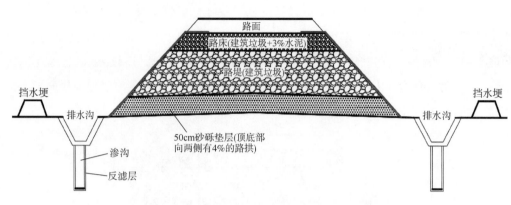

图 6.3-5　防渗土工布处理边坡 + 砂砾垫层

方案二：为了防止雨水从路基边坡渗入路基，在路基边坡两侧利用包边黏土对边坡进行封层处理，包边黏土的层厚为 0.5～1m，并需夯实。密实的黏土护坡，可以有效地防止雨水等外界因素的冲刷和侵蚀，以及雨水渗入路基对路基稳定性产生影响，提高路基整体性和稳定性，如图 6.3-6、图 6.3-7 所示。

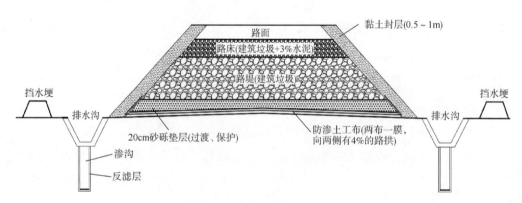

图 6.3-6　黏土包边 + 防渗土工布处理路基基底

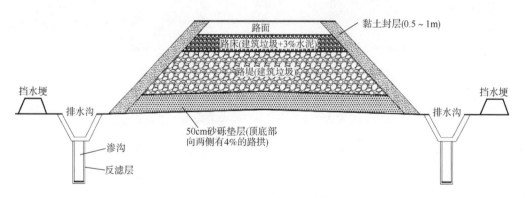

图 6.3-7　黏土包边 + 砂砾垫层

6.4 现场试验段路基填筑方案

6.4.1 试验段

为了验证将建筑垃圾用于路基填料方案的可行性,确定施工工艺,修筑建筑垃圾路基填筑试验段。通过修筑试验路段,进行施工优化组合,找出主要问题和施工工艺难点,并加以解决,提出标准施工方法用以指导大面积施工,从而有效确保整个工程质量。

选取依托工程左幅路基作为试验段,试验段主要为清除表土及雨污水管开挖整平后形成,试验段长100m,宽15m,路基填筑厚度1.2~1.5m。本次试验填筑控制性断面处填土厚度1.3m,并分区填筑。根据工程实际情况直接采用建筑垃圾填筑,或者质量比为2%~4%的32.5级硅酸盐水泥改良建筑垃圾进行填筑。

6.4.2 试验段路堤填筑质量控制指标

(1)路基压实度及CBR值要求。

路基压实度及CBR值要求见表6.4-1。

路基压实度及CBR值要求(施工图设计) 表6.4-1

项目分类	填方路段				零填及挖方路段	
路面底以下深度(m)	0~0.3	0.3~0.8	0.8~1.5	>1.5	0~0.3	0.3~0.8
主线压实度要求	≥96%	≥94%	≥93%		≥96%	≥94%
地面辅道压实度要求	≥95%	≥93%	≥92%		≥95%	≥93%
非机动、人行道压实度要求	≥92%	≥91%	≥90%		≥92%	—
主线最小强度要求(CBR)	8	5	4	3	8	5
地面辅道最小强度要求(CBR)	8	5	4	3	8	5
非机动、人行道最小强度要求(CBR)	5	3	3	2	5	3

(2)路基和路面各结构层验收弯沉值。

路基和路面各结构层验收弯沉值见表6.4-2。

路基和路面各结构层验收弯沉要求表(施工图设计值)　　表6.4-2

指标	主路验收弯沉值(0.01mm)	路面辅道验收弯沉值(0.01mm)
数值	215.2	162

主线、匝道、地面辅道路基顶面验收弯沉值,考虑不利季节和路基干湿类型的综合影响系数 K 进行计算,对于土基 K 取1.3。

(3)路基回弹模量。

在不利季节,路基顶面设计回弹模量值主线、辅道应不小于30MPa,非机动车道、人行道不小于20MPa。

由于试验段成果要能指导后期所有路基填筑,因此对于压实度与CBR取主线要求值,对于弯沉值取辅道要求值,对于回弹模量取30MPa。

6.4.3　试验段修筑方案

试验路段长100m、宽15m,场地为杂填土及雨污水管道开挖整平后形成,拟将建筑垃圾再生材料应用于路堤、路床填筑,路堤采用建筑垃圾回填、路床采用建筑垃圾+3%水泥改良回填,实施方案如图6.4-1所示。

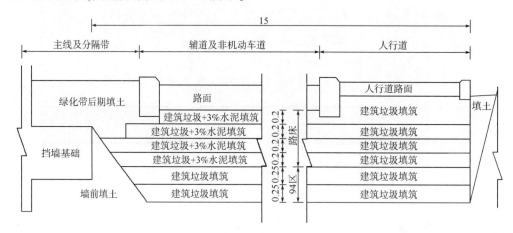

图6.4-1　试验段修筑方案(尺寸单位:m)

(1)地基处理:地基主要为软塑粉质黏土,受到降雨及地下水上升等因素影响,导致地基湿软,路基压实过程中容易出现弹簧土及翻浆现象,难以压实,导致地基承载力较低。因此,挖除清表后地面线以下0.5m高含水率较大的地层,采用建筑垃圾再生材料进行换填(采用的建筑垃圾再生材料),分两层填筑并压实,换填后基本消除了地基弹簧土及碾压车辙现象,显著提高了地基承载力,如图 6.4-2 所示。建筑垃圾再生材料换填处理地基同时可防止产生毛细水上升,避免路基含水率增大导致路基破坏,改善路基的水稳状况。

图 6.4-2　建筑垃圾再生材料换填处理地基

(2)垫层:换填完成后采用采用级配良好的砂砾进行垫层填筑,垫层压实厚度 50cm,分两层填筑,如图 6.4-3 所示。砂砾垫层可防止产生毛细水上升,避免路基含水率增大导致路基破坏,改善路基的水稳状况。

图 6.4-3　砂砾垫层

(3)路堤:路堤平均厚度 50cm,采用水平分层填筑,每层压实厚度为 25cm,分层碾压。路堤碾压完成后的效果如图 6.4-4 所示。

(4)路床:路床采用水平分层填筑,分层碾压,分四层填筑,路床每层压实厚度为 20cm。采用质量比 3% 的 32.5 级硅酸盐水泥改良建筑垃圾再生材料作为路堤填料,路床碾压完成后的效果如图 6.4-5 所示。

图 6.4-4　路堤碾压完成后效果图

图 6.4-5　路床碾压完成后效果图

6.5　质量控制、验收与监测要求

6.5.1　试验路段路基质量控制与验收标准

建筑垃圾再生材料填筑路堤的过程中还要加强施工质量管控,从运送现场的材料质量检测,到现场施工的施工参数、施工质量的检测,均应符合工程质量标准。试验路段路基施工质量检测需测试每层土的压实度、含水率、掺灰量等,如图 6.5-1 所示。从图中可以发现路堤的压实效果非常好。试验路段路基施工过程中质量控制要求见表 6.5-1。

图 6.5-1　路堤灌砂法测压实度及压实效果

路基施工过程中质量控制要求　　　　　表 6.5-1

检测指标	规定值或允许偏差		测试方法	检测频率
	高速公路、一级公路	二级及二级以下公路		
外观	表面平整密实,不得有明显轮痕、裂缝、沉降,不得有明显杂物,且无明显的集料离析		目测	随时
含水率(%)	最佳含水率 +2%~3%		烘干法	每 200m 检测 3 点
松铺厚度	不大于设计值		钢钎插入法	每 1000m² 至少检测 10 点,不足 1000m² 时检测 10 点
压实厚度(cm)	≤30mm,路堤		钢钎插入法/水准仪	每 1000m² 至少检测 10 点,不足 1000m² 时检测 10 点
	≤25cm,路床			
压实度(%)	≥93cm,下路堤	≥92cm,下路堤	灌砂法	每 1000m² 至少检测 3 点,不足 1000m² 时检测 3 点
	≥94cm,上路堤	≥94cm,上路堤		
	≥96cm,路床	≥95cm,路床		
回弹模量(MPa)	≥30cm,路堤	≥25cm,路堤	贝克曼梁法换算/动态回弹模量检测仪	每车道至少检测 3 点
	≥40cm,路床	≥30cm,路床		

路基填筑完成后,路基表面层应平整、密实,无明显离析。试验路段路基施工质量检测需测试每层土的压实度、含水率、掺灰量等,试验路段路基施工质量验收检测需检测路床顶面的弯沉、压实度等,如图 6.5-2、图 6.5-3 所示。从图 6.5-2 中可以发现路床的压实效果非常好。路基工程质量验收标准见表 6.5-2,验收时须达到表中路基工程质量验收标准才能验收通过。

图 6.5-2 路床灌砂法测压实度及压实效果

图 6.5-3 贝克曼梁法测弯沉

路基工程质量验收标准　　　　　　　　　　　表 6.5-2

检测指标	规定值或允许偏差		测试方法	检测频率
	高速公路、一级公路	二级及二级以下公路		
外观	表面平整密实,不得有明显轮痕、裂缝、沉降,不得有明显杂物,且无明显的集料离析		目测	随时
压实度(%)	≥96	≥95	灌砂法	每200m 每层检测4个点
弯沉 (0.01mm)	不大于设计值		贝克曼梁法	按检评标准《公路工程质量检验评定标准 第一册 土建工程》(JTG F80/1—2017)附录I检查
纵断高程(mm)	+10, -20	+10, -30	水准仪	每200m 测4断面

续上表

检测指标	规定值或允许偏差		测试方法	检测频率
	高速公路、一级公路	二级及二级以下公路		
中线偏位(mm)	50	100	经纬仪	每200m测4点,弯道加HY、YH两点
平整度(mm)	20	30	3m直尺	每200m测2处×10尺
宽度(mm)	符合设计要求		米尺	每200m测4处
横坡(%)	±0.3	±0.5	水准仪	每200m测4断面
边坡	坡度:不陡于设计值		水准仪	每200m测4处
	平顺度:符合设计要求			

6.5.2 施工质量检测结果

本段试验段修筑完成后对压实度和弯沉做了检测,压实度满足要求,弯沉基本达到设计要求,弯沉换算路堤回弹模量达到设计要求。

(1)压实度检测。

压实度检测结果见表6.5-3。

路床第四层实度检测结果　　　　　　　　表6.5-3

抽样点位置	0~20m距路中右1.2m	20~35m距路中右3.2m	35~50m距路中右3.2m	50~70m距路右3.5m	备注
干密度(g/cm^3)	1.78	1.75	1.67	1.71	
全料含水率(%)	7.2	12	14.1	13.3	
最大干密度(g/cm^3)	1.72	1.72	1.72	1.72	
压实度(%)	103.5	101.7	97.1	99.4	设计要求96%

压实度检测方法及设备同上路堤第二层。现场测试四处压实度,均满足设计要求。由压实度检测开挖形成的孔洞也可以看出,砖渣在强振压实后,基本完全破碎,十分密实(图6.5-4)。由于压实后十分密实、坚硬,检测孔采用小型冲击钻冲击开挖形成。

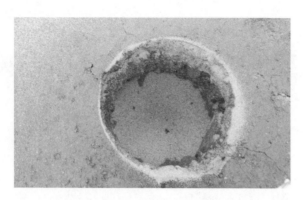

图6.5-4 砖渣与混凝土压实后十分密实

(2) 回弹弯沉检测。

本层检测了两条车道,第一条车道检测了8个点,第二条车道检测了7个点,由于弯沉检测为降雨后进行,且水泥未完全凝固,导致实测弯沉值有一定错误数据,且实测弯沉值有点偏高,因此删除了部分异常数据,删除异常数据后每车道各剩余5个点作为统计数据。由表6.5-4可知,路床顶面弯沉值符合主线弯沉要求,代表弯沉值平均值为165,基本满足辅道弯沉值要求,路床顶面换算回弹模量满足设计要求。

路床第二层回弹弯沉检测结果一览表(×0.01mm)　　表6.5-4

检测位置	左辅道一车道		左辅道二车道	
	左轮	右轮	左轮	右轮
实测值弯沉值1	136	162	122	118
实测值弯沉值2	150	148	86	120
实测值弯沉值3	124	124	110	122
实测值弯沉值4	92	138	122	124
实测值弯沉值5	148	114	128	34
平均弯沉值	130	137.2	113.6	103.6
标准差	21.16601	16.99882	14.988	34.85742
代表弯沉值	172.332	171.1976	143.576	173.3148
换算回弹模量(MPa)	55.12112	52.22847	63.07875	69.16743

通过跟踪路基填筑过程可以发现,路床填筑第三层、第四层对路基弯沉与回弹模量提高较小,主要原因为路床第三层、第四层填料为自加工第二种材料,且路床顶面增加了细粒料含量。

(3) 压实厚度检测。

现场对压实厚度进行了复测,压实厚度基本为20cm,与原推测压实厚度基本类似,建筑垃圾再生料松铺系数为 1.25。路床第四层高程测量检测结果见表 6.5-5。

路床第四层高程测量检测表 表 6.5-5

合同段		一分部				工程名称	
范围		道路床(试验段)第四层				检测日期	
测点或位置	后视	前视	仪器高	实测高程	设计	偏差(m)	
ZD1	0.948		36.808		35.86		
10m 位置左 17		0.998		35.81	35.8	0.01	
左 21		1.048		35.76	35.74	0.02	
左 25		1.098		35.71	35.68	0.03	
左 30		0.963		35.845	35.83	0.015	
左 34		0.737		36.071	36.05	0.021	
30m 位置左 17		0.893		35.915	35.92	−0.005	
左 21		0.928		35.88	35.86	0.02	
左 25		0.998		35.81	35.8	0.01	
左 30		0.823		35.985	35.96	0.025	
左 34		0.613		36.195	36.18	0.015	
50m 位置左 17		0.738		36.07	36.05	0.02	
左 21		0.793		36.015	35.99	0.025	
左 25		0.848		35.96	35.93	0.03	
左 30		0.678		36.13	36.09	0.04	
左 34		0.458		36.35	36.31	0.04	
70m 位置左 17		0.593		36.215	36.18	0.035	
左 21		0.658		36.15	36.12	0.03	
左 25		0.718		36.09	36.06	0.03	
左 30		0.553		36.255	36.22	0.035	
左 34		0.358		36.45	36.44	0.01	
90m 位置左 17		0.488		36.32	36.3	0.02	
左 21		0.543		36.265	36.24	0.025	
左 25		0.598		36.21	36.18	0.03	
左 30		0.453		36.355	36.34	0.015	
左 34		0.218		36.59	36.56	0.03	

6.5.3 试验路段路基监测

试验路段路基监测主要包括路基含水率监测和路基变形监测。建筑垃圾路基监测方案如图6.5-5所示,图中监测设备仅作示意,具体位置可根据现场实际情况进行调整。

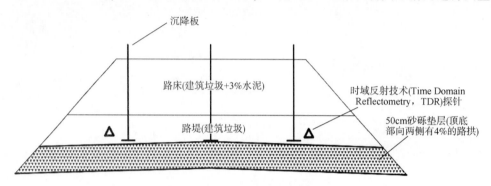

图 6.5-5　建筑垃圾路基监测方案

（1）含水率的检测。

建筑垃圾再生材料填筑路基的过程中,水是影响路基填筑质量的关键因素之一。许多的路基灾害都是由于填筑路基的过程中对路基含水率把控不严及防排水设施不合理、不到位造成的。此外,建筑垃圾路基长期处于干湿循环的条件下,建筑垃圾再生材料强度等力学性质会不断降低,造成路基强度、承载力下降,产生不均匀沉降,引发一系列的路基病害。因此,对于试验段路基含水率的监测,对施工方案的成效和后续研究有着非常重要的作用。试验段采用TDR技术对路基进行含水率的监测,在试验段路基内部埋入TDR探针,可以快速、有效、连续地监测含水率的变化,为路基稳定和后续研究提供数据支持和依据。

图 6.5-6　TDR 探针埋设

①点位布置:试验路段路基布设了两个断面,每个断面埋置两个TDR探针,埋置地点位于路基两侧距离边坡1m处的下路堤。

②仪器的埋设:在预设好的埋置地点开挖试坑,取出坑中典型的土样,并测定其含水率作为初始含水率。将TDR探针放入试坑中,然后回填,传感器端头预留一定的线缆,以免土体产生变形,如图6.5-6所示。

③仪器初始读数:TDR探针埋入之后,将回填的土进行压实,碾压完成后由于路基内孔隙水压力的消散,仪器读数在不断变化,当仪器的读数24h没有变化之后,此时的仪器读数作为仪器初始读数。

试验段路基温湿度监测结果见表6.5-6。

K8+000~K8+100段路基温湿度监测结果一览表　　　表6.5-6

监测频次	点位	地下湿度(%)	地表温度(℃)	地表相对湿度(%)	监测间隔(d)
第一次监测	30m位置左侧路肩内1m	10.2	8	100	10
	30m位置右侧路肩内1m	9.2	8	100	
	60m位置左侧路肩内1m	9.8	8	100	
	60m位置右侧路肩内1m	10.1	8	100	
第二次监测	30m位置左侧路肩内1m	11.2	7	100	
	30m位置右侧路肩内1m	9.9	7	100	
	60m位置左侧路肩内1m	10.6	7	100	
	60m位置右侧路肩内1m	10.7	7	100	

(2)沉降监测。

对路基进行沉降检测,沉降观测点设置在路基两侧距离包边黏土内侧1m处和路基的中桩。沉降监测板采用边长40cm×40cm、厚1cm的钢板制作而成,中心位置设置直径2.5cm的圆孔对沉降管进行固定,每节沉降管与每层填土压实厚度有关,长度一般不应超过50cm,沉降装置埋好之后沉降管应高出路基表面20cm左右。沉降观测装置构造及现场埋设如图6.5-7、图6.5-8所示。

路基在填筑施工过程中,需每天测量进行1次沉降测量,若遇降雨等不可抗力因素造成施工停止,则至少每3d进行1次沉降测量。路基填筑完成之后,第1个月每3d进行1次沉降测量,第2~3个月则每7d进行1次沉降测量,之后每隔15d进行1次沉降测量,直至铺筑路面。

路基沉降初期,应按照三等水准测量要求进行路基沉降测量,观测误差不能大于3mm;当路堤后期沉降较小时,按照二级中等精度测量要求进行路基沉降测量,观测误差不能大于2mm。

按方案设计要求,采用水准仪对地基沉降进行监控,发现施工完后地基沉降量均小于1mm。试验段路基沉降监测结果见表6.5-7。

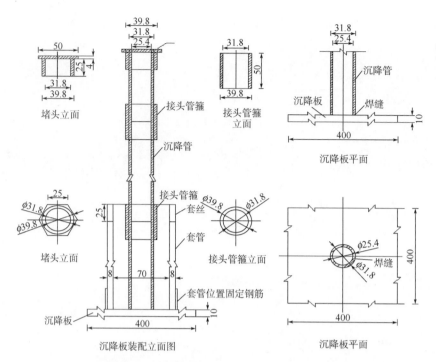

图 6.5-7　沉降观测装置构造图（尺寸单位：mm）

图 6.5-8　沉降板的埋置

试验段路基沉降监测结果（单位：mm）　　　　表 6.5-7

监测次序	桩号或位置						间隔时间（d）
	30m 位置左	30m 位置中	30m 位置右	60m 位置左	60m 位置中	60m 位置右	
1	1.312	1.213	1.108	1.032	1.183	1.214	4
2	1.312	1.213	1.108	1.032	1.183	1.214	

6.6 本章小结

本章主要根据当地工程地质情况,设计合理的建筑垃圾再生材料水稳定性路基的填筑方案,并进行试验路段的修筑验证方案可行性分析,得出以下主要结论。

(1)通过在依托工程项目上建立试验段,收集当地地形地貌、地质构造、地层岩性、气候、水文地质等地质情况,以及周边建筑垃圾材料来源情况,评定建筑垃圾应用于路基填筑的可实施性,并制定了建筑垃圾再生材料路堤填筑方案。

(2)对路堤和路床采用差异化填筑措施,保证路基填筑效果。通过对修筑试验段中施工工艺及关键技术指标控制,提出最优含水率控制、松铺厚度、松铺系数等指标;压实厚度基本为20cm,与原推测压实厚度基本类似,建筑垃圾再生料松铺系数为1.25。

(3)路基填筑完成后,对试验段填筑效果进行检测,最小压实度为97.1%,满足>96%的技术要求,同时测得路基顶面回弹弯沉最小值为55.2MPa,满足>30MPa的技术要求。

(4)路基填筑完成一段时间后,对路基沉降及温湿度进行长期监测,施工完后地基沉降量均小于1mm,工程效果良好。

参考文献

[1] 张军辉,丁乐,张安顺.建筑垃圾再生料在路基工程中的应用综述[J].中国公路学报,2021,34(10):135-154.

[2] 李湘洲.国外建筑垃圾利用现状及我国的差距[J].砖瓦世界,2012(6):9-13.

[3] 李炯.河砂与建筑垃圾混合料回填路基工程特性研究[D].济南:山东大学,2017.

[4] 李瑞青.我国建筑垃圾资源化法律制度研究[D].太原:山西财经大学,2022.

[5] 李鸿运.建筑垃圾在公路工程中的资源化综合利用研究[D].天津:河北工业大学,2017.

[6] 杨楠.不同回收成本下建筑废弃物的回收及经济效果评估[D].北京:北京交通大学,2022.

[7] 韩瑞民,祁峰,张名成.建筑垃圾再生混合料配合比设计及性能试验研究[J].公路,2014,59(3):185-188.

[8] 王新宇.砖渣土填筑高速公路路基施工技术及永久变形研究[D].长沙:长沙理工大学,2018.

[9] SHARMA A,SHARMA R K. Sub-grade characteristics of soil stabilized with agricultural waste, constructional waste, and lime[J]. Bulletin of Engineering Geology and the Environment,2021,80(3):2473-2484.

[10] BRAY J D,ZEKKOS D,KAVAZANJIAN J E. Shear strength of municipal solid waste[J]. Joumal of Geotechnical and Geoenvironmental Engineering. ASCE,2009,135(6),709-722.

[11] ZEKKOS D A. Large scale direct shear testing of municipal solid waste[J]. Waste Manage,2010,30(8):1544-1555.

[12] 徐宁,徐永福.建筑垃圾在高速公路路基填筑中的现场直剪试验研究[J].科学技

术与工程,2018,18(18):263-268.

[13] 周志清,王定鹏.建筑垃圾改良膨胀土填筑路基可行性研究[J].西安建筑科技大学学报(自然科学版),2021,53(5):716-722.

[14] 张远博.建筑垃圾路基变形特性数值模拟及其填筑技术研究[D].上海:上海交通大学,2018.

[15] 刘阳.建筑垃圾路堤填料一维压缩及蠕变试验研究[D].西安:长安大学,2018.

[16] 刘喜.建筑垃圾在公路路基中的再生应用研究[J].公路工程,2019,44(4):208-212.

[17] 韩保刚.循环冻融干湿条件下路用建筑垃圾力学性能及冻融微观结构试验研究[D].西安:长安大学,2015.

[18] 王天航.建筑垃圾在道路工程中的应用研究[D].天津:河北工业大学,2015.

[19] DENG Y,XU C,MARSHEAL F,et al. Constituent effecton mechanical performance of crushed demolished construction waste/siltmixture[J]. Construction and Building Materials, 2021,294:123567.

[20] AL-OBAYDI M A,ABDULNAFAA M D,ATASOY O A,et al. Improvement infield CBR values of subgrade soil using construction-demolition materials[J]. Transportation In frastructure Geotechnology,2022,9(2):185-205.

[21] PATERIYA A S,ROBERT D J,DHARAVATH K,et al. Stabilization of marble waste susing cement and nano materials for subgrade applications[J]. Construction and Building Materials,2022,326:126865.

[22] KHALED S,RAYMOND J K. Fatiguebehavioroffiber-reinforced recycled aggregate base course[J]. Journal of Materials in Civil Engineering,2009,(5):124-130.

[23] 王蒙,王双晨.建筑工程垃圾在公路路基中的力学性能研究[J].公路工程,2019,44(4):285-290.

[24] LI Z,YAN S,LIU L,et al. Long-term deformation analysis of recycled construction waste subgrade filler[J]. Advances in Civil Engineering, 2019.

[25] 齐善忠,付春梅,曲肇伟.建筑渣土作为道路填筑材料的改性试验研究[J].中外公路,2015,35(1):262-267.

[26] 齐善忠,胡海彦,付春梅.市政道路路基填筑建筑渣土现场试验研究[J].路基工程,2014(2):24-28.

[27] 史小军.建筑垃圾再生材料在城市道路中的应用研究[D].西安:长安大学,2021.

[28] ZHANG J, DING L, LI F, et al. Recycled aggregates from construction and demolition waste salternative filling materials for highway subgrades in China[J]. Journal of Cleaner Production,2020,255:120223.

[29] 佚名.西北首例城市拆迁建筑垃圾再生砖渣轻集料混凝土顺利施工[J].混凝土,2019(5):160.

[30] 雷斌,徐原威,熊进刚.道路面层用建筑垃圾再生混凝土配合比设计分析[J].硅酸盐通报,2016,35(12):3931-3935.

[31] LIU J,ZHENG X G,LI S M,et al. Effect of the stabilizer on bubble stability and homogeneity of cement emulsified asphalt mortar in slab ballastless track[J]. Construction and Building Materials,2015(96):135-146.

[32] 薛翠真,申爱琴,郭寅川,等.建筑垃圾复合粉体材料对混凝土抗冻性能的影响[J].材料导报,2016,30(4):121-125.

[33] GULLU H. Comparison of rheological models for jet grout cement mixtures with various stabilizers[J]. Construction and Building Mate-rials,2016,127(11):220-236.

[34] 张健,张述雄,杜鹏,等.建筑垃圾对混凝土强度的影响试验研究[J].硅酸盐通报,2019,38(9):3004-3009,3014.

[35] 耿世博.改性建筑垃圾集料对混凝土性能影响的试验研究[D].郑州:华北水利水电大学,2020.

[36] 韩岚岚.建筑垃圾骨料改性及混凝土性能试验研究[D].郑州:华北水利水电大学,2019.

[37] JAGANNADHA R, SASTRT M. Durability Studies on High Strength Recycled Aggregate Concrete[J]. Key Engineering Materials, 2016(4349):70-75.

[38] XU J, SHU S, HAN Q, et al. Experimental research on bond behavior of reinforced recycled aggregate concrete based on the acoustic emission technique[J]. Construction and Building Materials, 2018(191):1230-1241.

[39] 马晓楠.含废弃砖块建筑垃圾再生混凝土力学性能试验研究[D].邯郸:河北工程大学,2020.

[40] 马永志.建筑垃圾再生混凝土的力学性能及耐久性研究[D].郑州:华北水利水电大学,2019.

[41] 吴珀宇,陈鑫,沈玲华,等.砖混类建筑垃圾再生混凝土路面砖的早期强度试验研究[J].混凝土,2021(5):108-112,126.

[42] 于艳萍. 村镇建筑垃圾再生混凝土砖的物理力学性能研究[D]. 沈阳:沈阳建筑大学,2011.

[43] 谢尚锦. 建筑垃圾再生集料在再生砌块中的应用研究[D]. 杭州:浙江大学,2020.

[44] 詹丽萍. 利用建筑垃圾制备再生混凝土路面砖的试验研究[J]. 福建建材,2020(2):6-8.

[45] 文华,李晓静. 建筑垃圾在道路工程领域的研究现状及发展趋势[J]. 施工技术,2015,44(16):81-84.

[46] MONTERO. J. Influence of effective mixing water in recycled concrete[J]. Construction And BuildingMaterials,2017(132):333-352.

[47] 贾淑明,王建军,赵永花,等. 以建筑垃圾为集料的再生混凝土性能研究[J]. 施工技术,2014,43(S1):165-168.

[48] ECKERT,MATTHIAS,OLIVERIRA,Miguel. Mitigation of the negative effects of recycled aggregate water absorption in concrete technology [J]. Construction And Building Materials,2016(133):416-424.

[49] MONALISA B, MINOCHA A, BHATTACHARYYA S. Flow behavior, microstructure, strength and shrinkage properties of self-compacting concrete incorporating recycled fine aggregate[J]. Construction and Building Materials, 2019, (228): 1-16.

[50] 王军. 建筑垃圾再生混凝土强度统计特性及力学性能试验研究[D]. 郑州:华北水利水电大学,2017.

[51] 张会芳,陈汇鋆,赵飞. 利用建筑垃圾制备再生混凝土的试验研究[J]. 河北建筑工程学院学报,2021,39(3):48-51.

[52] 夏阳. 浅析建筑垃圾再生混凝土应用的耐久性[J]. 混凝土,2017(7):151-153.

[53] 熊枫. 建筑垃圾再生粗集料改性与再生混凝土性能的研究[D]. 重庆:重庆大学,2017.

[54] 张福兴. 泡沫轻质土在高速铁路软土路基中的应用[D]. 北京:北京交通大学,2017.

[55] 陈忠平,汪建斌,刘吉福,等. 现浇泡沫轻质土路堤模型循环动载试验研究[J]. 公路,2019,64(5):57-60.

[56] 裘友强,张留俊,尹利华. 泡沫轻质土的疲劳性能及工程应用研究[J]. 硅酸盐通报,2019,38(4):1140-1147.

[57] 张发如,张留俊,尹利华. 泡沫轻质土路基的适用性研究[J]. 公路交通科技(应用

技术版),2019,15(3):37-39.

[58] MOORE P. Hurricane Resistant Foam-concrete structural copmposite: US, US6185891[P]. 2007.

[59] JONES M, CARTHY M. Utilising Unprocessed Low-lime Coal Fly Ash in Foamed Concrete[J]. Fuel, 2005,84(11):1398-1409.

[60] 廖师贤,黄蕃.基于浆体取代法再生砖粉泡沫混凝土试验研究[J].中外公路,2023,43(4)256-260.

[61] 李欣.再生微粉泡沫混凝土制备与基本性能[D].北京:北京建筑大学,2023.

[62] 崔宁.栾仲豪.砖混类再生微粉泡沫胶凝材料力学性能研究[J.硅酸盐通报,2022,41(7):2421-2429.

[63] 董建军.再生微粉泡沫混凝土性能试验及抗压强度预测[D].南昌:南昌航空大学,2022.

[64] 张松.李如燕,董祥,等.再生微粉有效代替水泥制备泡沫混凝土[J].硅酸盐通报2018,37(9):2948-2953.

[65] 陈钒,刘勇,刘晖,等.高性能粉煤灰泡沫轻质土性能试验及应用分析[J].粉煤灰综合利用,2020,34(4):103-106,117.

[66] 欧孝夺,彭远胜,莫鹏,等.掺铝土尾矿泡沫轻质土的物理力学及水力特性研究[J].材料导报,2020,34(S1):241-245.

[67] 陈金威,刘勇,石苏意,等.不同掺料泡沫轻质土的强度特性[J].长沙理工大学学报(自然科学版),2016,13(4):15-22.

[68] 吴海刚,王宝军,郑永红,等.大规模采用泡沫轻质土处理软基设计方法探讨[J].铁道工程学报,2016,33(2):28-33.

[69] LIU W, ZHANG H, CHEN Z, et al. Performance of pervious concrete influenced by typical properties of recycled concrete aggregate and suggestions for practical use. Road Materials and Pavement Design, 1-22.

[70] ZHANG H, HE B, ZHAO B, et al. Using diatomite as a partial replacement of cement for improving the performance of recycled aggregate concrete (RAC)-Effects and mechanism. Construction and Building Materials, 385, 131518.